Birgit Hedemann

ABENTEUER IM OLDENBURGER LAND

Lilly und Nikolas auf der Suche nach dem Klimaschatz

Illustrationen von Claudia Meinicke

Biber & Butzemann

MIX
Paper from responsible sources
FSC® C126307

Die besten Ausflugstipps im Oldenburger Land:
www.biber-butzemann.de/service/reisetipps

Hinweis: Ausstellungen in Museen wechseln und auch bei anderen Sehenswürdigkeiten gibt es regelmäßig Veränderungen, darum sind alle Angaben ohne Gewähr.

Für meine Tochter Martje, meine treueste Testleserin
Birgit Hedemann

Besuchen Sie uns im Internet unter www.biber-butzemann.de oder auf Facebook unter www.facebook.com/biberundbutzemann.

Bibliografische Information der Deutschen Bibliothek
Die Deutsche Bibliothek verzeichnet diese Publikation in der Deutschen Nationalbibliografie; detaillierte bibliografische Daten sind im Internet unter http://dnb.ddb.de abrufbar.

Geschwister-Scholl-Str. 7
15566 Schöneiche

1. Auflage, Mai 2021

Text: Birgit Hedemann
Illustrationen: Claudia Meinicke
Layout und Satz: Mike Hopf
Lektorat: Steffi Bieber-Geske, Juliane Jacobsen
Lektoratsassistenz: Martina Bieber, Kati Bieber, Juliane Fröhlich, Friederike Rademacher, Michelle Stark
Korrektorat: Carola Jürchott
Druck- und Bindearbeiten: Poligrafia Janusz Nowak sp. z o.o.
ISBN: 978-3-95916-067-4

INHALT

1. Keine Lust auf Urlaub! **5**
2. NordseeKarren, Schlafstrandkorb und Strandpiraten **9**
3. Zeitreisen **16**
4. Wasser marsch! **20**
5. Auf der Spur der Klimaschätze in Oldenburg **25**
6. Schatzsuche und Schildkrötensuppe **29**
7. Von blauen Fröschen, fleischfressenden Pflanzen und saurem Moor **34**
8. Moorführung Spezial **40**
9. Der vergessene Rucksack **44**
10. Das war knapp! **49**
11. Spurensicherung **52**
12. Mit der Draisine zum Käsehof **55**
13. Bohlenweg und Klapperstörche **57**
14. Pflanzenjäger im Park der Gärten **62**
15. Wie in alten Zeiten **68**
16. Die Moorführung **72**
17. Moorleichen und Steinzeitküche **77**
18. Ein Schwan und eine geheimnisvolle Schatulle **82**
19. Melken und Buttern im Museumsdorf Cloppenburg **84**
20. Was für eine Enttäuschung! **87**
21. Heimliche Beobachtungen und Landerlebnisse **92**
22. Die Kinder werden Piraten, und Papa wird Hörkönig **97**
23. Jonte sieht blau und Opa rot **101**
24. Das Verhör **105**
25. Riesenwels und Mainzelmännchen **109**
26. Die Molberger Dose **114**
27. Fliegende Ufos im Barfußpark in Harkebrügge **119**
28. Der Wettbewerb **123**

Wangerooge
Cuxhaven
Mellum
Jever
Butjadingen
Bremerhaven
Wilhelmshaven
Nordenham
Varel
Brake
Westerstede
Leer
(Ostfriesland)
Apen
Bad
Zwischenahn
Berne
Hude
Oldenburg
Bremen
Friesoythe
Wildeshausen
Cloppenburg
Löningen
Vechta
Damme

Keine Lust auf Urlaub!

„So ein verdammter Mist!“ Nikolas knallte seine Schultasche in die Garderobenecke.
„Nikolas!“, sagte Papa mit einem warnenden Unterton und wuchtete einen dicken Koffer in den Flur.
„Warum hast du denn so schlechte Laune?“, wollte Mama wissen. „Ist dein Zeugnis so katastrophal ausgefallen?“
„Bei dem doch nicht“, antwortete Lilly, die nun auch das Haus betrat. „Nikolas ist wie immer der Zweitbeste in seiner Klasse!“ Sie klopfte ihrem großen Bruder anerkennend auf die Schulter.
Papa versuchte, ein Buch in die Seitentasche seines Koffers zu quetschen. „Hat Marvin dir mal wieder den Rang abgelaufen?“
„Das sowieso“, presste Nikolas zwischen den Zähnen hervor und wollte nach oben in sein Zimmer verschwinden, doch Mama hielt ihn am Oberarm fest.
„Was ist eigentlich dein Problem?“
Der Junge seufzte. „Ich hatte mich darauf eingestellt, dass wir zu Hause bleiben.“
Mama zog die Augenbrauen hoch. „Du freust dich nicht, dass wir nun doch wegfahren?“ Man merkte ihrer Stimme an, dass sie fassungslos war. Nikolas war sonst bei jeder Reise Feuer und Flamme.
„Doch schon“, sagte Nikolas gedehnt und befreite sich aus dem Griff seiner Mutter. „Ich habe bloß eigentlich gar keine Zeit für einen Urlaub.“

Mama schnappte nach Luft. „In diesen Ferien ist ja wohl irgendwie der Wurm drin! Erst kriege ich keinen Urlaub, weil meine Kollegin Ulrike mit ihrer kleinen Hannah zur Kur muss. Dann bricht sich Hannah ein Bein, die Kur wird verschoben, und ich kann doch Urlaub nehmen. Dann sieht es so aus, als wenn wir nirgends an der Nordseeküste so kurzfristig noch eine Unterkunft bekämen. Mit ein paar Tricks klappt es dann doch noch, und nun sagt unser Sohn, dass er überhaupt keine Zeit für einen Urlaub hat! Wo bin ich hier eigentlich?“ Mama stemmte die Arme in die Hüften und blickte Nikolas grimmig an.

„Was soll das eigentlich heißen?“, mischte sich Papa ein. „Du hast keine Zeit für einen Urlaub?“ Er schob Nikolas in Richtung Wohnzimmer. „Setz dich erst einmal hin!“, bestimmte er. „Dann kannst du alles in Ruhe erzählen. Und eure Zeugnisse möchte ich mir auch gerne ansehen!“

Während die Kinder auf der Couch Platz nahmen, holte Mama Gläser. Sie hatte Eistee für alle gemacht.

Nikolas drehte sein Trinkglas auf der Tischplatte hin und her. „Bei uns an der Schule wurde ein Forscher-Wettbewerb gegen Ferienlangeweile ausgeschrieben“, erklärte er. „Wir dürfen ein Projekt mit einem Klimaschatz einreichen. Und da will ich unbedingt mitmachen!“

„Na, dafür wird trotzdem noch genug Zeit bleiben“, antwortete Papa und klopfte Nikolas auf die Schulter.
„Und außerdem kannst du ja auch im Urlaub an deinem Projekt arbeiten“, fügte Mama hinzu.
Nikolas seufzte. „Marvin hat natürlich sofort verkündet, dass er den Wettbewerb gewinnen wird!“
„Marvin ist der größte Angeber in der ganzen Schule!“ Lilly verdrehte die Augen.
„Wenn ich bloß wüsste, was mit Klimaschatz gemeint ist“, überlegte ihr Bruder. „Wir haben nur drei Tage Zeit, unserer Klassenlehrerin das Thema zu melden. Jedes soll nur ein einziges Mal zugelassen werden.“
„Dir wird schon noch etwas einfallen“, meinte Papa. „Wir haben morgen auf der langen Fahrt Zeit genug, darüber zu reden. Nun müssen wir uns aber ranhalten und unsere Sachen packen. Wir wollen schon heute alles ins Auto räumen, damit wir morgen ganz früh starten können.“
„Und packt eure Schlafsäcke ein“, fügte Mama hinzu.
„Geht nicht!“, antwortete Nikolas wie aus der Pistole geschossen. „Meine Luftmatratze ist kaputt!“
„Ich sagte Schlafsack, nicht Luftmatratze!“
„Und wozu brauchen wir die Schlafsäcke?“ Lilly platzte fast vor Neugierde.
„Unsere Ferienwohnung ist erst ab Montag frei“, erklärte Mama. „Die beiden ersten Nächte verbringen wir woanders. Wo, verrate ich aber noch nicht. Das ist eine Überraschung!“

In den nächsten Stunden kam Nikolas nicht dazu, sich Gedanken über den Wettbewerb zu machen. Der Flur füllte sich nach und nach mit Koffern, Taschen und Rucksäcken. Auch die bunten Schlafsäcke der Familie gesellten sich dazu. Dann kamen die Großeltern vorbei, um die Zeugnisse zu bewundern, einen schönen Urlaub zu wünschen und den Enkelkindern etwas Ferientaschengeld mitzugeben.

Lilly und Nikolas rätselten die ganze Zeit, wo sie in den ersten beiden Nächten schlafen würden. Wo brauchte man einen Schlafsack, aber keine Luftmatratze? Lilly tippte auf ein Heuhotel und hoffte, dass es dort auch Ponys geben würde. Nikolas wollte lieber auf einem Boot übernachten. „Leon aus meiner Klasse macht Urlaub auf einem Hausboot. Das wäre es doch!“, rief Nikolas mit glänzenden Augen.

„Mein Traum wäre ja eine Übernachtung in einem Iglu!“, fügte Papa hinzu.

„Ein Iglu?“ Mama lachte. „Klare Sache! Eine Übernachtung im Iglu im Sommer an der Nordsee! Ihr liegt leider alle falsch!“

NORDSEEKARREN, SCHLAFSTRANDKORB UND STRANDPIRATEN

„Gleich haben wir es geschafft", sagte Papa, als er das Auto in Oldenburg auf die A29 lenkte.
„Und mir ist immer noch kein Thema für den Wettbewerb eingefallen", stöhnte Nikolas. „Bis übermorgen muss ich es Frau Kluge gemeldet haben. Der erste Preis ist eine Wochenendreise. Die will ich unbedingt gewinnen!"
„Viel schlimmer ist", unterbrach Lilly ihn, „dass ich immer noch nicht weiß, wo wir heute übernachten."
Mama lachte. „Wir sind ja gleich da!"
Papa warf einen Blick in den Rückspiegel. „Wenn es euch tröstet: Ich habe auch keine Ahnung!"

Das Navigationsgerät lotste die Familie bis nach Varel. Dort verließen sie die Autobahn und fuhren weiter in Richtung Dangast.
„Ich habe es doch gesagt: Wir übernachten in einem Heuhotel!", jubelte Lilly und zeigte auf ein Hinweisschild. Doch statt abzubiegen, fuhren sie weiter geradeaus. Die Straße wurde immer schmaler und holpriger. Nach einer Kurve konnten sie plötzlich den Strand sehen. Rechter Hand lag ein großer Campingplatz.
„Am besten hältst du da vorne direkt an der Rezeption", meinte Mama und zeigte auf ein rotes Backsteingebäude an der Zufahrt zum Platz.
Papa tat, was Mama gesagt hatte. Die Kinder machten große Augen.

„Wollen wir etwa campen?“, fragte Nikolas.
„Aber wir haben doch gar kein Zelt dabei, oder?“ Lilly blickte Mama fragend an.
Doch die lachte nur und zuckte mit den Schultern. Dann stieg sie aus und ging in Richtung Anmeldung.
„Papa, nun sag schon!“, bettelte Lilly.
„Ich weiß wirklich nicht, was Mama geplant hat!“, beteuerte ihr Vater. „Ich überlege selber schon die ganze Zeit, ob wir jemanden kennen, der hier einen Wohnwagen stehen hat.“

Es dauerte ein paar Minuten, bis Mama zurückkam und wieder zu ihnen ins Auto stieg. Sie hielt Schlüssel und einen farbigen Plan in den Händen. Dann studierte sie kurz die Karte. „Wir müssen gleich nach der Rezeption links abbiegen!“
Behutsam setzte Papa das Fahrzeug in Bewegung und fuhr über einen schmalen Kiesweg in Richtung Strand. Links und rechts säumten Wohnwagen den Weg.
„Da vorne ist unsere Unterkunft!“, sagte Mama und zeigte auf einen blau-weißen Bauwagen.
„Da übernachten wir?“, rief Lilly begeistert. Sobald das Auto stand, stürzten die Kinder hinaus.
Auch Nikolas besah alles mit großen Augen. „Ist das ein echter Zirkuswagen?“
„Fast“, sagte Mama. „Der nennt sich NordseeKarren. Hier werden wir die ersten beiden Nächte verbringen.“ Sie schloss die Tür auf, und alle vier quetschten sich in den Wagen. Gleich rechts war eine kleine Küchenzeile untergebracht. In der Mitte des Wagens stand ein Esstisch mit zwei Stühlen.

An der Stirnseite gab es ein Doppelbett. Sogar ein Fernseher war vorhanden.

„Meinst du nicht, dass das ein wenig klein ist für uns vier?“, warf Papa ein und blickte in die Runde.

Mama lachte. „Klar ist das viel zu klein für uns alle, aber für mich und ein Kind wird es schon reichen. Ihr habt ja noch nicht alles gesehen. Kommt mit!“

Mama ging voran in Richtung Strand. Suchend blickte sie sich um. Der Rest der Familie folgte ihr.

„Ah, da ist er ja!“ Mama zeigte auf ein graues Ungetüm mit einer Abdeckplane, das auf einer Holzterrasse stand. Das Ganze sah aus wie ein riesiger Schlitten. Mama ging zu diesem Ding und entfernte die Abdeckung. Papa half ihr dabei. Zum Vorschein kam ein großer Strandkorb, der quasi auf dem Rücken lag.

„Das ist ja ein Schlafstrandkorb“, rief Papa.

„Genau. Ich habe mir vorgestellt, dass je ein Kind – abwechselnd – mit dir hier schläft.“

„Das ist ja klasse!“ Nikolas' Augen strahlten. „Bitte, bitte, darf ich als Erster hier schlafen?“

„Na gut.“ Lilly nickte gnädig. „Aber was macht man, wenn man nachts auf die Toilette muss?“

Mama untersuchte die Ablagefächer im Strandkorb. Dann zauberte sie eine Taschenlampe hervor. „Die Toiletten und die Waschräume befinden sich auf dem Campingplatz.“

Nachdem sich alle ein wenig häuslich eingerichtet hatten, ging es auf Entdeckungstour. Sie bummelten am Strand entlang und entdeckten das *Weltnaturerbeportal Watt'n Blick*, ein großes Gebäude, in dem die *Tourist-Info*, ein Schwimmbad, eine Sauna und ein Wellnessbereich untergebracht waren. Lilly und Nikolas durchstöberten den Souvenirshop *Watt'nSchnickSchnack*, und Mama deckte sich mit Prospekten ein.

„Hier gibt es eine Sauna“, stellte Papa fest. „Und bei schlechtem Wetter können wir im *Quellbad* schwimmen gehen.“

„Man kann auch Workshops belegen“, fügte Mama hinzu und nickte zu einem langen Tisch hinüber, der in einer Ecke der Eingangshalle aufgebaut war.

„Wenn Sie möchten, können Sie jetzt gleich an einem Specksteinkurs teilnehmen“, mischte sich eine Mitarbeiterin der Tourist-Info ein. „Er beginnt in wenigen Minuten.“

„Oh ja, Mama! Können wir das machen?“ Lillys Augen strahlten, und auch Nikolas hatte Lust. Nur Papa wollte sich lieber sonnen.

Mama und die Kinder mussten sich eine Plastikschürze umbinden. Dann durften sie sich bei der Kursleiterin einen Rohling aussuchen. Nikolas entschied sich für einen Leuchtturm, Mama wählte ein Herz, und Lilly nahm eine Robbe. Nun mussten sie ihre Werkstücke bearbeiten. Auf jedem Platz lagen verschiedene Feilen und Schwämme. Damit wurden die Ecken und Kanten glatt geschliffen.

„Wie das staubt!“ Mama schaute auf den Tisch, der über und über mit weißem Pulver bedeckt war.

„Aber man kriegt davon schöne weiche Hände“, stellte Lilly fest.

„Ob das jetzt reicht?“, fragte Nikolas und drehte seinen Turm hin und her.

Die Kursleiterin kam und sah sich Nikolas' Werk an. „Hier ist noch eine kleine Ecke. Wenn du die wegpoliert hast, kannst du mit dem Turm zu mir kommen."

Wenige Minuten später war Nikolas fertig. Die Kursleiterin nahm einen Lappen, tröpfelte ein wenig Öl darauf und rieb damit den Leuchtturm ein. „Nun pass mal auf, was passiert!"

Nikolas staunte nicht schlecht. Was eben noch grau ausgesehen hatte, wurde grün und bekam ein geriffeltes Muster. Auch Mama und Lilly hatten ihre Kunstwerke vollendet. Das Herz und die Robbe erstrahlten, nachdem sie eingeölt worden waren, in einem schönen Blaugrau. Alle Anhänger bekamen noch eine Lederschnur. Stolz hängten sich die Kinder ihre Ketten um den Hals.

Die Geschwister liefen an den Strand, und Mama setzte sich zu Papa in die Sonne. Am liebsten wären Lilly und Nikolas sofort ins Wasser gesprungen, aber es war Ebbe. Das kannten sie schon aus früheren Ferien an der Nordseeküste. Gleich neben dem Spielplatz mit einem Piratenschiff hatten die *Strandpiraten* ihr Lager aufgeschlagen. Sie boten allerlei Spiele, Bastelaktionen und ein Piratendiplom für die Ferienkinder an. Da machten Lilly und Nikolas gern mit.

Später bummelte die Familie gemeinsam den Deich entlang bis zum Hafen. Hier entdeckten Lilly und Nikolas einen kleinen Leuchtturm, der sich als Fischimbiss entpuppte. Erst jetzt merkten sie, wie ihnen der Magen knurrte. So gab es eine Runde Fischbrötchen für alle. Die Geschwister nahmen jeweils eine Fischfrikadelle im Brötchen, Mama wählte ein Matjesbrötchen, und Papa bestellte für sich ein Brötchen mit Krabben – das „Gold des Nordens", wie er die Garnelen nannte.

„Ich brauche noch etwas Süßes!“, stellte Papa fest, als alle ihre Fischbrötchen verspeist hatten. „Im *Kurhaus* soll es leckeren Rhabarberkuchen geben. Der ist richtig berühmt!“
So kehrte die Familie noch im *Kurhaus Dangast* ein. Mama meinte, dass dort die Zeit stehen geblieben sei. Es würde aussehen, wie in den Cafés ihrer Kindheit. Und der Kuchen würde wie von Oma gebacken schmecken.
Abends gingen Lilly und Nikolas noch einmal zu den *Strandpiraten*. Diese hatten ein Lagerfeuer angezündet, und die Kinder durften Stockbrote backen. Mittlerweile war Flut, und das Meer schwappte an den Strand. In der Luft kreischten Möwen, die zu gern auch etwas vom Brot abbekommen hätten.

In der ersten Nacht durfte, wie besprochen, Nikolas mit Papa im Strandkorb schlafen. Sie hatten die Abdeckung weggelassen und konnten direkt in den Sternenhimmel schauen. Papa erklärte einige Sternbilder.
Plötzlich fiel Nikolas ein, dass er nur noch zwei Tage Zeit hatte, sich ein Thema für den Wettbewerb zu überlegen. Daran hatte er vor Aufregung gar nicht mehr gedacht! Er wusste auch immer noch nicht, was überhaupt ein Klimaschatz ist. Papa grübelte mit, wusste aber keinen Rat.
„Bist du dir ganz sicher, dass du dich nicht verhört hast? Dass es nicht vielleicht statt ‚Klimaschatz‘ ‚Klimaschutz‘ heißt?“
Nikolas schüttelte den Kopf. „Da bin ich mir ganz sicher.“
Doch je länger er darüber nachdachte, desto unsicherer wurde er. Hatte er sich möglicherweise verlesen? Der Zettel mit der Beschreibung des Wettbewerbs lag dummerweise in Berlin auf seinem Schreibtisch. Was sollte er bloß machen?

ZEITREISEN

Am nächsten Morgen holten Lilly und Nikolas Brötchen beim Bäcker, den sie am Tag zuvor direkt gegenüber vom *Weltnaturerbeportal* entdeckt hatten. Sie frühstückten auf der Terrasse des NordseeKarrens. Mama hatte für den Tag schon Ausflüge geplant, und so ging es gleich nach dem Abwasch los.

Zuerst steuerten sie das *Schwimmende Moor* in Sehestedt an. Sie fuhren eine schier endlose Straße direkt am Deich entlang. Lilly war total verliebt in die vielen Schafe mit ihren Lämmern. Am liebsten wäre sie sofort ausgestiegen und hätte sie ausgiebig gestreichelt. Aber leider war das Anhalten hier strikt untersagt.

Dann lenkte Papa das Auto auf eine schmale Straße, die direkt auf den Deich führte. Dahinter gab es schließlich einen Parkplatz, auf dem sie das Auto abstellten. Von hier aus führte ein Weg auf eine eingezäunte Fläche.

„Passt bloß auf, dass ihr nicht in die Schafsköttel tretet", mahnte Mama.

„Wie das stinkt!" Nikolas hielt sich demonstrativ die Nase zu.

„Und was ist hier jetzt so toll?", wollte Lilly wissen.

„Dies ist in der Tat etwas ganz Besonderes", sagte Mama. „Das ist nämlich

das einzige *Außendeichsmoor* auf der ganzen Welt!"

Nikolas machte einen großen Schritt über mehrere Haufen mit Schafskötteln. „Also, was ein Moor ist, weiß ich. Das haben wir in der Lüneburger Heide, in Ostfriesland und in der Nordeifel schon besucht. Aber was ist ein *Außendeichsmoor*?"

„Der gesamte Bereich des *Jadebusens* war mal eine riesige Moorfläche", erklärte Papa. „Vor 300 Jahren ließ dann der dänische Admiral Sehestedt hier einen Deich bauen. Und dieser Deich teilte das Moor in zwei Flächen. Die kleinere der beiden Flächen befindet sich nun vor dem Deich. Und wenn es eine Sturmflut gibt und der Wasserstand besonders hoch ist, beginnt das Moor zu schwimmen."

Lilly staunte. „Ein Moor kann schwimmen?"

Papa nickte. „Das Moor besteht aus Torf. Und dieses Material ist sehr leicht und hat große Mengen Luft eingeschlossen. Deswegen schwimmt es im Wasser."

„Deshalb nennt man es auch das *Schwimmende Moor*", fügte Mama hinzu und öffnete ein Tor.

Sie betraten einen Bohlenweg. Links und rechts säumten Birken und Wildblumen den Weg. „Das sieht hier aus wie ein ganz normales Moor", stellte Nikolas fest. Am Ende des Holzwegs stand eine Vogelbeobachtungshütte.

An den Wänden zur Nordsee hin waren Luken, durch die man Vögel beobachten konnte. Außerdem gab es viele Informationstafeln, die über die Geschichte des Moores informierten und die Tiere und Pflanzen beschrieben, die hier heimisch waren.

„Jetzt machen wir eine richtige Zeitreise“, kündigte Papa an, bevor sie wieder ins Auto stiegen. „Ab in die Bronzezeit!“

Nach einer Viertelstunde Autofahrt hielten sie vor einem langgestreckten Lehmhaus mit Reetdach.

„Das ist das *Bronzezeithaus Hahnenknoop*. Wie der Name schon sagt, wurde hier ein Bauernhaus aus der Bronzezeit wiederaufgebaut“, erklärte Papa.

Neugierig liefen Lilly und Nikolas auf das Gelände. Linker Hand brannte ein kleines Feuer in einer Feuerstelle. Eine Frau saß daneben und knetete Teig in einer Holzschüssel. Sie winkte die Kinder heran.

„Im Haus ist gerade noch eine andere Gruppe, aber ihr könnt euch gerne schon hier bei mir umsehen!“

„Was machen Sie denn hier?“, erkundigte sich Lilly.

„Ich backe Fladenbrot und Pralinen.“

„Pralinen?“, fragte Nikolas mit großen Augen. „Werden Pralinen gebacken?“

Die Frau lachte. „Du hast recht. Sie sehen eher aus wie Kekse. Wenn ihr wollt, könnt ihr mir gerne helfen!“

Das ließen sich Lilly und Nikolas nicht zweimal sagen. Sie durften mit der Kurbelmühle Gerste mahlen und Nüsse mit einem Stein knacken. Das war gar nicht so einfach. Lilly schimpfte, weil die Nuss ständig weghüpfte.

Auch Nikolas seufzte. „Ich habe nicht gedacht, dass das Mahlen so anstrengend ist.“

Sie formten Pralinen, die aus Getreide, Milch, Honig und Nüssen bestanden und aussahen wie winzige Brote. Die Frau legte die Teigteilchen auf eine Steinplatte, die vom Feuer erhitzt wurde. Nach wenigen Minuten waren die Pralinen fertig, und die Kinder probierten sie. Lilly fand, dass die Süßigkeiten ein wenig wie Weihnachtskekse schmeckten.

Die Frau erzählte ihnen, dass hier bei Baggerarbeiten die Fundamente von drei alten Bauernhäusern aus der Bronzezeit gefunden worden waren. Leider wurden dabei zwei Grundrisse komplett zerstört. Nur der Grundriss des dritten Hauses konnte gerettet werden. Die Überreste hatten sich in dem ständig feuchten Boden erstaunlich gut erhalten.

„Wenn nur die Grundrisse erhalten waren, woher weiß man dann, wie der Rest ausgesehen hat?“, fragte Papa interessiert.

„So ganz genau weiß man das leider nicht“, antwortete die Frau. „Vieles hat man durch Versuche herausgefunden. So weiß man zum Beispiel, was für eine Neigung das Dach gehabt haben muss. Wäre es schräger gewesen, wäre das Reet abgerutscht. Wäre es flacher gewesen, hätte sich der Regen auf dem Dach sammeln können, und das Schilfrohr wäre vergammelt.“

Während die Eltern allerhand Interessantes über das Haus erfuhren, durften Lilly und Nikolas ausprobieren, wie man eine Speerschleuder benutzte.

Nun verließ die Besuchergruppe das Haus, und sie konnten sich im Innern umsehen. „Das sieht wie in einem Wimmelbilderbuch aus“, fand Nikolas. Es gab tatsächlich viel zu entdecken: Ackergeräte, Quirle aus Tannenbaumspitzen, einen Webstuhl, Zunder, den man benutzte, um Feuer zu machen, und vieles mehr. Das Beste war, dass man alles anfassen durfte. Nikolas war so beschäftigt, dass er nicht eine Sekunde an sein Schulprojekt dachte.

WASSER MARSCH!

„Und wo geht es nun hin?“, erkundigte sich Nikolas.

Papa sah auf seine Uhr. „Ich habe für heute Abend einen Tisch in einem Fisch-Restaurant in Varel bestellt. Bis dahin haben wir aber noch mehr als vier Stunden Zeit. Lohnt es sich, vorher noch einmal zum Campingplatz zu fahren?“

Die Kinder sahen einander fragend an.

„Was haltet ihr davon, wenn wir noch eine kleine Zeitreise machen?“, warf Mama ein. „Auf dem Weg nach Varel liegt die *Kaskade Diekmannshausen*. Das ist ein altes Speicherpumpwerk. Man kann dort erfahren, wie sich die Trinkwasserversorgung in den letzten Jahrzehnten gewandelt hat.“

„Das klingt doch interessant“, meinte Papa.

Es war nicht weit bis nach Diekmannshausen. „Ist das ein riesiges Gebäude“, staunte Nikolas, als sie angekommen waren.

„Stimmt“, pflichtete Mama ihm bei. „Hier gibt es ganze sechs Ebenen.“

Gemeinsam stapften sie die Stufen in den Keller hinunter.

„Was ist das denn für ein Ding?“ Nikolas beäugte eine Stange mit einem Eimer an jeder Seite.

„Das ist ein Joch“, erklärte Papa. „Als es noch keine Wasserleitungen gab, haben die Frauen damit das Wasser vom Brunnen geholt.“

Lilly nahm die Stange und legte sie sich auf die Schultern. „Puh! Ist das schwer!“ Sie schnaufte. „Du kannst dir sogar noch ein Kostüm anziehen“, sagte Nikolas und zeigte auf einen Korb mit Kleidung.

„Dann sieht es richtig echt aus."
Die Maschinenhalle fanden die Kinder nicht so interessant, aber für Papa war sie umso spannender. Dafür amüsierten sich Lilly und Nikolas in den oberen Etagen über Daumenkinos und sprechende Teetassen. Eindrucksvoll war auch das Dachgeschoss des Gebäudes. Von hier aus hatten sie einen schönen Ausblick über den gesamten Jadebusen. Zum Schluss war sich die Familie einig: Das war ein kurzweiliges, tolles Museum, und lernen konnte man auch noch eine ganze Menge!

Als sie in Varel am alten Hafen ankamen, war es immer noch zu früh für das Abendessen. Nikolas erblickte auf der anderen Seite des Hafenbeckens einen knallgelben Hubschrauber und einige Meter daneben ein U-Boot. Klar, dass sich die beiden Männer das ansehen mussten. Lilly interessierte sich mehr für den *Bahlsen Fabrikverkauf*, musste aber zu ihrem Bedauern feststellen, dass er sonntags geschlossen war.
Nikolas hatte den Kopf in den Nacken gelegt und bestaunte den Helikopter. „Papa, das war ein Lufttaxi der Linie Varel – Lissabon!"
Papa konnte sich ein Schmunzeln nicht verkneifen. „Ich glaube, das ist wohl eher Seemannsgarn."
„Seemannsgarn?", hakte Lilly nach, die sich nun auch für das Flugobjekt interessierte. „Was ist das denn?"
„Wenn Seeleute Lügengeschichten erzählen, spricht man davon, dass sie Seemannsgarn spinnen", erläuterte Papa.
„Hier gibt es ein ganzes Museum über dieses Seemannsgarn", rief Mama und zeigte auf einen Eingang, über dem ein Schild mit der Aufschrift *„Spijöök Museum"* hing. „Wollt ihr da rein? In wenigen Minuten beginnt die nächste Führung."

„Genau das Richtige, um uns bis zum Essen noch ein wenig die Zeit zu vertreiben“, fand Papa.

Das Museum war nicht besonders groß, aber bis unter die Decke mit Kuriositäten vollgestopft. Nikolas und Lilly wussten gar nicht, wo sie zuerst hinschauen sollten. Zum Glück hatten sie ja die Führung und würden nichts verpassen. Sie sahen zum Beispiel einen ostfriesischen Globus, der aus einer platten Scheibe bestand, und eine Säge, die anstatt eines Sägeblattes ein plüschiges Fell aufwies und mit „Fuchsschwanz“ betitelt war. Als Lilly den Taschenkrebs entdeckte, bekam sie einen Lachanfall. Um den Krebspanzer war eine Lederschnalle gebunden und oben ein Griff montiert. Nikolas fand das Stück vom Eisberg klasse: ein Glas mit Wasser darin. Dank der hohen Temperaturen war das Eis natürlich schon geschmolzen! Auch das Skelett einer Meerjungfrau durfte nicht fehlen.

„Was für ein herrlicher Quatsch!“, meinte Papa. „Nun habe ich aber einen Bärenhunger!“

Wie zur Bestätigung knurrte Nikolas' Magen, und alle lachten.

„Wo hast du denn eigentlich einen Tisch reserviert?“, erkundigte sich Lilly.

Papa zeigte auf die andere Seite des Hafenbeckens. „Bei *Aal & Krabbe*. Dort soll es ein ganz tolles Fischbuffet geben.“

Nikolas grinste. „Buffet ist immer gut. Da kann man so wenig Gemüse nehmen, wie man will!“

Papa hatte einen Tisch auf der Hafenterrasse reserviert. Hier saßen sie direkt an der Wasserkante. Das Buffet ließ keine Wünsche offen. Es gab

viele verschiedene Fischsorten, die man probieren konnte. Mama war besonders wagemutig: Auf ihrem Teller lag grüner Glibberkram.
„Sieht aus wie diese Fruchtgummi-Schnecken, wenn man sie auseinanderrollt", stellte Lilly fest.
„Das sind Algen", erzählte Mama. „Die sollen total gesund sein und schmecken sehr interessant. Ich finde, man sollte alles mal probieren. Willst du?"
Lilly schüttelte schnell den Kopf. Um vom Thema abzulenken, fragte sie ihren Bruder: „Für welches Projekt hast du dich jetzt eigentlich entschieden?"
Nikolas schluckte schwer. Die Frage hatte er erfolgreich verdrängt. Er zuckte mit den Schultern. „Ich weiß immer noch nichts."
„Lass uns mal gemeinsam überlegen", sagte Papa. „Das Thema lautet also Klimaschatz. Was könnte das sein?"
Mama überlegte kurz. „Ein Schatz ist doch etwas, das viel wert ist, oder?"
Alle nickten.
„Dann muss ein Klimaschatz also etwas sein, das wertvoll für unser Klima ist!", fuhr Mama fort.
Papa kratzte sich am Kinn. Dann nahm er sein Mineralwasserglas in die Hand und blickte auf den Inhalt. „Ich hab's!", rief er. „Denkt mal an die Ausstellung in der *Kaskade* heute! Wie wäre es mit dem Thema Grundwasser?"
Mama nickte begeistert. „Eine tolle Idee! Du könntest darstellen, wie früher Trinkwasser gewonnen wurde."
„Und warum unser Trinkwasser so kostbar ist", fügte Lilly hinzu.
„Ich fand die Tafel interessant, auf der gezeigt wurde, wie viel Trinkwasser für die Herstellung von Lebensmitteln gebraucht wird!", sagte Nikolas.

„Genau!", meinte Mama. „Ich habe in der *Kaskade* auch jede Menge Fotos gemacht. Die kannst du bestimmt gut gebrauchen."
Nikolas war ganz aufgeregt. „Papa, kannst du mir dein Handy geben? Ich will sofort den Themenvorschlag einschicken, und ich habe auf meinem doch kein E-Mail-Programm!"
Papa schaute auf sein Smartphone. „Tut mir leid, ich habe hier überhaupt kein Netz. Du wirst noch ein bisschen warten müssen." Er zog bedauernd die Schultern hoch und steckte das Handy ein.
Bevor sie wieder ins Auto stiegen, machten sie noch ein paar Schritte um den Hafen und sahen sich die kleinste Kneipe Deutschlands an. Sie bestand aus einem winzigen Raum mit einer sehr kleinen Theke, vor der gerade einmal die Familie stehen konnte. Sitzgelegenheiten gab es nicht. In dem Raum hatte sich früher eine Waage für Fischreste befunden. Deswegen hieß er nun *„Up'n Prüfstand"*.

Sobald sie wieder auf dem Campingplatz angekommen waren, schickte Nikolas mit Papas Hilfe sofort eine E-Mail an seine Lehrerin und teilte ihr mit, welchen Beitrag er einreichen würde. Es dauerte nur wenige Minuten, bis Frau Kluge antwortete: Die Aufgabe war schon vergeben! Kurz vor Nikolas hatte Marvin dieses Thema angemeldet. Nikolas schossen vor Wut und Enttäuschung Tränen in die Augen. Nur weil sie in Varel keinen Empfang gehabt hatten! Sonst wäre er schneller gewesen. Und ausgerechnet Marvin war Nikolas zuvorgekommen! Der Ober-Besserwisser schlechthin!
Woher sollte Nikolas jetzt ein neues, interessantes Thema nehmen? Er hatte nur noch einen Tag Zeit.

AUF DER SPUR DER KLIMASCHÄTZE IN OLDENBURG

Am nächsten Morgen musste die Familie den NordseeKarren und den Schlafstrandkorb räumen. Da sie erst am Nachmittag ihre Ferienwohnung beziehen konnten, machten sie noch einen Ausflug in die Stadt Oldenburg.
„Hier gibt es die älteste zusammenhängende Fußgängerzone Deutschlands", berichtete Papa auf dem Weg vom Parkplatz auf dem Pferdemarkt in die Fußgängerzone. „Und seht ihr diesen Turm dort? Das ist der *Lappan*, das älteste mittelalterliche Bauwerk in Oldenburg."
Lilly zog die Nase kraus. „*Lappan* ist aber ein komischer Name!"
„Der Ausdruck kommt von ‚angelappt'", erklärte Mama. „Als *‚Lappan'* bezeichnete man früher Gebäude, die an ein anderes Gebäude angebaut wurden. Hier stand früher ein Krankenhaus für Arme. Später hat man dann eine Kirche mit Glockenturm angebaut."
„Wird der heute noch genutzt?", wollte Nikolas wissen.
„Darin befindet sich jetzt die Tourist-Information", antwortete Mama. „Die können wir uns ansehen. Da wollte ich sowieso hin."

Während sich die Eltern in der Tourist-Information auf die Prospekte stürzten, sahen sich Lilly und Nikolas bei den Souvenirs um. Nikolas konnte es sich nicht verkneifen, eine Fahrradglocke ertönen zu lassen.
„Ist der Schlüsselanhänger nicht toll?" Lilly hielt ihrem Bruder ein kleines Stück Fahrradkette, auf der ein quietschgrünes Fahrrad fuhr, vor die Nase.
„Die haben hier echt schräge Sachen", stellte Nikolas fest und probierte

eine Pudelmütze mit der Aufschrift „Kohlkopp“ aus.
„Ich glaube, die ist eher für die kältere Jahreszeit gedacht“, meinte Mama und grinste.
Lilly hielt eine Packung mit Grünkohl-Tee in der Hand und schnupperte daran, konnte durch die Verpackung aber nichts riechen.
„Wieso gibt es hier eigentlich so viele Kohlsachen?“
„Darüber habe ich mal eine Reportage im Fernsehen gesehen“, erzählte Papa, der sich zu ihnen gesellt hatte. „Grünkohl nennt man auch ‚Oldenburger Palme‘, weil er erstaunlich hoch werden kann. Und hier gibt es im Winter Grünkohltouren. Da macht man einen Spaziergang, spielt unterwegs Spiele, und zum Schluss kehrt man irgendwo ein und isst Grünkohl. Wer dann den meisten Kohl schafft, wird Grünkohlkönig und -königin.“
„Cool!“, staunte Nikolas. „Das würde ich auch gerne mal machen.“
„Ich brauche jetzt aber erst einmal einen Kaffee“, forderte Papa. „Gleich hier gegenüber ist ein Café. Was haltet ihr davon?“

Wenige Minuten später saß die Familie an einem Bistrotisch. Lilly und Nikolas schlürften Holunder-Limonade.
„Guck mal, was ich in der Tourist-Information entdeckt habe“, sagte Papa zu Nikolas und wedelte mit einem kleinen Heftchen in Postkartengröße vor seiner Nase herum.
Nikolas schnappte sich das Heft und warf einen Blick auf den Titel. „GeoTour – Klimaschätze in Oldenburg“, las er vor.

„Ist das nicht genial?" Papa strahlte über das ganze Gesicht. „Darin finden wir bestimmt ein Thema für deinen Wettbewerb!"

„Was ist denn eine GeoTour?", rätselte Lilly.

„Könnt ihr euch noch an unseren Urlaub in der Nordeifel bei Tante Sarah erinnern?", fragte Papa.

„Natürlich!", antworteten die Geschwister im Chor.

„Da haben wir doch im Freilichtmuseum Geocaching gemacht."

Lilly überlegte kurz und zog dabei ihre Nase kraus. „Du meinst diese Schatzsuche, wo wir mit dem Handy eine bestimmte Stelle finden mussten?"

Papa nickte und studierte weiter das Heftchen. „Die GeoTour besteht aus 15 Caches. So nennt man die Schätze, die man suchen muss. Die Caches liegen an Stellen, die für den Klimaschutz interessant sind. Und in jeder Dose gibt es ein Logbuch, eine originelle Aufgabe und dazu noch einen Buchstaben und eine Zahl. Mit dem Buchstaben und der Zahl, können wir noch die Koordinaten für einen Bonus-Cache ermitteln."

„Hm", murmelte Nikolas. „Und an welchen Stellen sind diese Caches versteckt?"

Papa las das Inhaltsverzeichnis vor: *Alter Stadthafen,* Kläranlage, *Utkiek* ... Mehrere Themen kamen nicht infrage, aber dann stieß Papa auf das *Everstenmoor.*

„Das ist es!", rief Papa. „Das Moor ist ein toller Klimaschatz! Und noch dazu uralt!"

Nikolas rümpfte skeptisch die Nase.

„Wieso das denn?", fragte Lilly verwundert.

„Moore sind Wächter von Treibhausgasen", erklärte Papa. „Sie speichern ganz viel Kohlenstoff."

„Und wie machen sie das?“, wollte Nikolas wissen.
„Habt ihr schon mal etwas von CO_2 gehört? CO_2 ist die chemische Formel für Kohlendioxid. Das ist ein Gas, das geruchlos und unsichtbar ist.“ Papa zeigte auf die Flasche vor Nikolas. „Du kannst es aber als Blubberbläschen in deiner Limonade sehen. Die Pflanzen im Moor nehmen das CO_2 aus der Luft auf und wandeln es in Pflanzenmasse und Sauerstoff um. Wenn die Pflanzen absterben und zu Torf werden, bleibt der Kohlenstoff darin gespeichert. So haben sich in den Mooren große Kohlenstofflager gebildet.“
Lilly kaute auf ihrer Unterlippe herum. „Ich verstehe aber immer noch nicht, was das nun mit einem Klimaschatz zu tun hat!“
Papa überlegte kurz. „Das Problem ist, dass wir Menschen mit unseren Autos, Flugzeugen und Fabriken viel zu viel CO_2 produzieren. Das führt dazu, dass sich unsere Atmosphäre aufheizt. Als Atmosphäre bezeichnet man die Lufthülle, die unsere Erde umgibt.“
Nikolas nickte. „Das hatten wir schon in der Schule. Dann schmelzen die Gletscher, und es gibt immer mehr Wirbelstürme!“
„Und wenn der Torf beginnt, sich zu zersetzen“, fuhr Papa fort, „dann gibt er den gespeicherten Kohlenstoff an die Luft ab, und unsere Atmosphäre heizt sich noch mehr auf.“
„In dem Thema steckt noch viel mehr!“, schaltete sich Mama ein. „Denkt mal an das, was wir gestern im *Schwimmenden Moor* erfahren haben! Die ganzen Pflanzen und Tiere, die nur im Moor überleben können!“
Nikolas war noch nicht überzeugt, aber die Zeit lief ihm davon. Papa zückte schon sein Smartphone, und sie schickten eine Anfrage an die Lehrerin, ob das Thema noch zu haben sei.
Die Antwort von Frau Kluge kam postwendend: Das Thema war noch frei, und sie selbst fand es sehr spannend!

SCHATZSUCHE UND SCHILDKRÖTENSUPPE

Die Familie bummelte noch ein wenig durch die Fußgängerzone. Sie sahen sich die auffällig verzierte Fassade des *Degodehauses* an. Mama erzählte, dass das Haus aus dem Mittelalter stammt und den großen Stadtbrand im Jahre 1676 unbeschadet überstanden hat.

„Schaut euch mal die Kirche an! Die hat fünf Türme!“ Lilly legte den Kopf in den Nacken, um das Gotteshaus anzusehen, das wie eine lange, verschnörkelte Halle wirkte.

„Das ist die *Lambertikirche*. Kommt, wir schauen mal, wie sie von innen aussieht“, schlug Mama vor. Gemeinsam gingen sie hinein.

„Das ist ja irre!“ Nikolas sah sich mit großen Augen um. „Die ist ja innen rund und ganz schlicht, ohne Schnörkel.“

Viel Zeit verbrachten sie anschließend bei *Bültmann & Gerriets*, einer Buchhandlung mit einer großen Kinderbuchabteilung. Hier kamen alle auf ihre Kosten. Papa war begeistert von der Auswahl an Literatur in englischer Sprache, und Lilly kaufte sich ein Buch mit Detektivgeschichten, die an der Nordsee spielten. Mama fand gleich drei spannende Romane und Nikolas ein Notizbuch für sein Moor-Projekt sowie ein Familien-Sachbuch über „Moore in Deutschland – Schatzkisten der Natur“.

Als sie den Laden vollbepackt verließen, knurrte allen der Magen. Papa entdeckte einen Pommes-Stand mit dem Namen *Frizz*. Hier wurden die Pommes aus frischen Kartoffeln gemacht, und man konnte zwischen 15 verschiedenen Soßen wählen. Glücklich hielten bald darauf alle Spitztüten mit dicken, krossen Pommes in der Hand und aßen die Fritten genüsslich bis auf den letzten Krümel auf.

Nikolas knüllte die Papiertüte zusammen und machte dann einen langen Hals. „Können wir noch einen Nachtisch bekommen?“ Er zeigte auf einen Eisladen ein paar Meter weiter.

Lilly rannte zum Eingang und stellte sich auf die Zehenspitzen, um hineinschauen zu können. „Das ist gar kein normales Eiscafé“, stellte sie fest.

„MU – dein Eis machst du“, las Nikolas vor. „Das ist ja stark! Hier können wir unser Eis selber zusammenstellen!“

Nun gab es kein Halten mehr. Alle vier schnappten sich einen Pappbecher und mischten sich ihr Traumeis zusammen. Zuerst füllte man an einer Zapfanlage Softeis in den Becher. Danach konnte man sich für verschiedene Toppings entscheiden: Kekse, Streusel, Gummibärchen, Obst und vieles mehr. An der Kasse wurde dann jeder Becher gewogen, um den Preis zu ermitteln.
Papa schaute auf die Uhr. „Wir werden nicht die Zeit haben, in unserem Urlaub alle Oldenburger Klimaschätze zu heben, aber den Klimaschatz im *Everstenmoor* suchen wir auf jeden Fall, oder? Den kann Nikolas bestimmt für sein Projekt gebrauchen. Außerdem liegt er auf dem Weg zu unserer Ferienunterkunft."

Gesagt, getan. Eine halbe Stunde später parkte Papa das Auto am Straßenrand. Die Kinder sprangen heraus. Papa hatte die Geocaching-App, die man für das Spiel benötigte, bereits heruntergeladen. Nikolas hielt das Smartphone in den Händen und folgte dem Pfeil, der das Versteck des Geocaches anzeigte. Als er direkt vor einer Informationstafel über das *Everstenmoor* stand, vibrierte das Handy.
„Angeblich soll der Schatz hier irgendwo versteckt sein", meinte Nikolas. „Aber wo?" Er blickte den Wanderweg entlang, der in einen Birkenwald führte. Zwischen den Bäumen standen hohe Sträucher.
Papa zeigte auf die Fußspuren, die auf die Rückseite der Tafel führten. „Vielleicht sollten wir denen folgen."
An der Rückwand hing ein riesiger Kasten. Im Inneren gab es einen kleinen Safe, der mit einem Zahlenschloss gesichert war. Neben dem Schloss hing eine große Sanduhr. Während Lilly und Nikolas noch überlegten, wie sie an die richtigen Zahlen für das Schloss kommen sollten, hatte Papa die

Sanduhr schon umgedreht. Sehr, sehr langsam rieselte der Sand von oben nach unten.
„Das soll symbolisieren, wie langsam ein Moor entsteht“, erklärte Mama, die sich die Informationen dazu durchgelesen hatte. „Das Moor wächst nur einen Millimeter im Jahr!“
Nach gefühlten drei Ewigkeiten erschien in der oberen Hälfte der Sanduhr die gesuchte Zahlenkombination. Das Schloss war schnell geöffnet. Im Safe fanden sie das Logbuch für diesen Cache und einen Zettel mit einem Buchstaben und einer Zahl für den Bonuscache. Stolz trug Nikolas „Familie Sonnenschein“ ins Logbuch ein.

Nun war es endlich an der Zeit, die Ferienwohnung auf dem Ferienhof Wemken zu beziehen. Rosel und Herbert Wemken erwarteten sie bereits. Jonte, der Enkel der Wemkens, war auch dabei. Er war ungefähr im Alter von Lilly und Nikolas. Während die Erwachsenen sich unterhielten, zeigte Jonte den Geschwistern den Hof und die Tiere. Er machte sie auch mit den anderen Ferienkindern bekannt. Lilly war glücklich. Hier gab es nicht nur Ponys, sondern auch Ziegen, Kaninchen und Hühner. Frau Wemken versprach ihr, dass sie beim Füttern helfen dürfe.
„Ich habe euch zum Abendbrot eine Dose Mockturtle, Ammerländer Schinken und Schwarzbrot hingestellt“, erklärte Rosel, als sie sich verabschiedete.
„Was ist denn Mockturtle?“ Nikolas blickte von einem zum anderen.
„Schildkrötensuppe!“ Jonte grinste verschmitzt.
„Die esse ich auf keinen Fall!“, antwortete Lilly prompt.
Herbert strich ihr über den Kopf. „Keine Angst, da ist kein Schildkrötenfleisch drin!“ Dann erzählte er ihnen, dass 1806 Napoleon gegen England

eine Kontinentalsperre verhängt hatte. Von diesem Zeitpunkt an durften keine Waren aus England mehr eingeführt werden. Deswegen mussten die Feinschmecker im Oldenburger Land auf ihre geliebte Schildkrötensuppe verzichten. Doch findige Köche machten die Suppe aus Rindfleisch nach. Sie nannten sie „Mockturtle", was so viel wie „nachgeahmte Schildkrötensuppe" heißt.

Abends probierte die Familie die Suppe. Sie schmeckte ihnen so gut, dass sie beschlossen, davon auf jeden Fall ein paar Dosen mit nach Hause zu nehmen.

Beim Essen überlegten sie gemeinsam, wohin es am nächsten Tag gehen sollte. Mama schlug vor, nach Elisabethfehn in das *Moor- und Fehnmuseum* zu fahren. „Da findest du bestimmt Material für dein Moor-Projekt", sagte sie zu Nikolas. „Und sogar eine Moorleiche soll es da geben."

VON BLAUEN FRÖSCHEN, FLEISCHFRESSENDEN PFLANZEN UND SAUREM MOOR

Gleich nach dem Frühstück machten sie sich auf den Weg nach Elisabethfehn. „Uh, das ist mal ein schnurgerader Kanal." Nikolas stieß seine Schwester an. „Schau dir das mal an!"

„Das ist ein Fehnkanal, eine Wasserstraße", erklärte Papa. „Früher haben die Menschen im Moor Torf gestochen. Den Torf haben sie als Brennmaterial in die größeren Städte verkauft. Als Transportmittel dienten ihnen Schiffe. Über das Thema werden wir bestimmt gleich noch etwas im Museum erfahren."

Das Museumsgebäude sah von außen eher unscheinbar aus. „Das soll ein Museum sein?" Nikolas blickte ungläubig.

Lilly stimmte ihm zu. „Das sieht eher wie ein altes Bauernhaus aus!"

Aber Papa hatte schon die riesigen Maschinen auf dem Außengelände entdeckt. „Hier sind wir auf jeden Fall richtig!"

Während Papa Eintrittskarten kaufte, erkundeten Lilly und Nikolas den Vorraum. Hier gab es ein Ortsmodell, an dem gezeigt wurde, wie Plattbodenschiffe Torf aus den Siedlungen in die nächstgrößere Stadt brachten. Der Fehnkanal war die Wasserstraße der Moorsiedlung.

Um in den Nebenraum zu gelangen, musste die Familie über einen Holzweg laufen, der unter einer dicken Glasplatte lag.

„Seht mal!", meinte Papa. „Das ist ein Originalstück des uralten Bohlenweges durch das Moor."

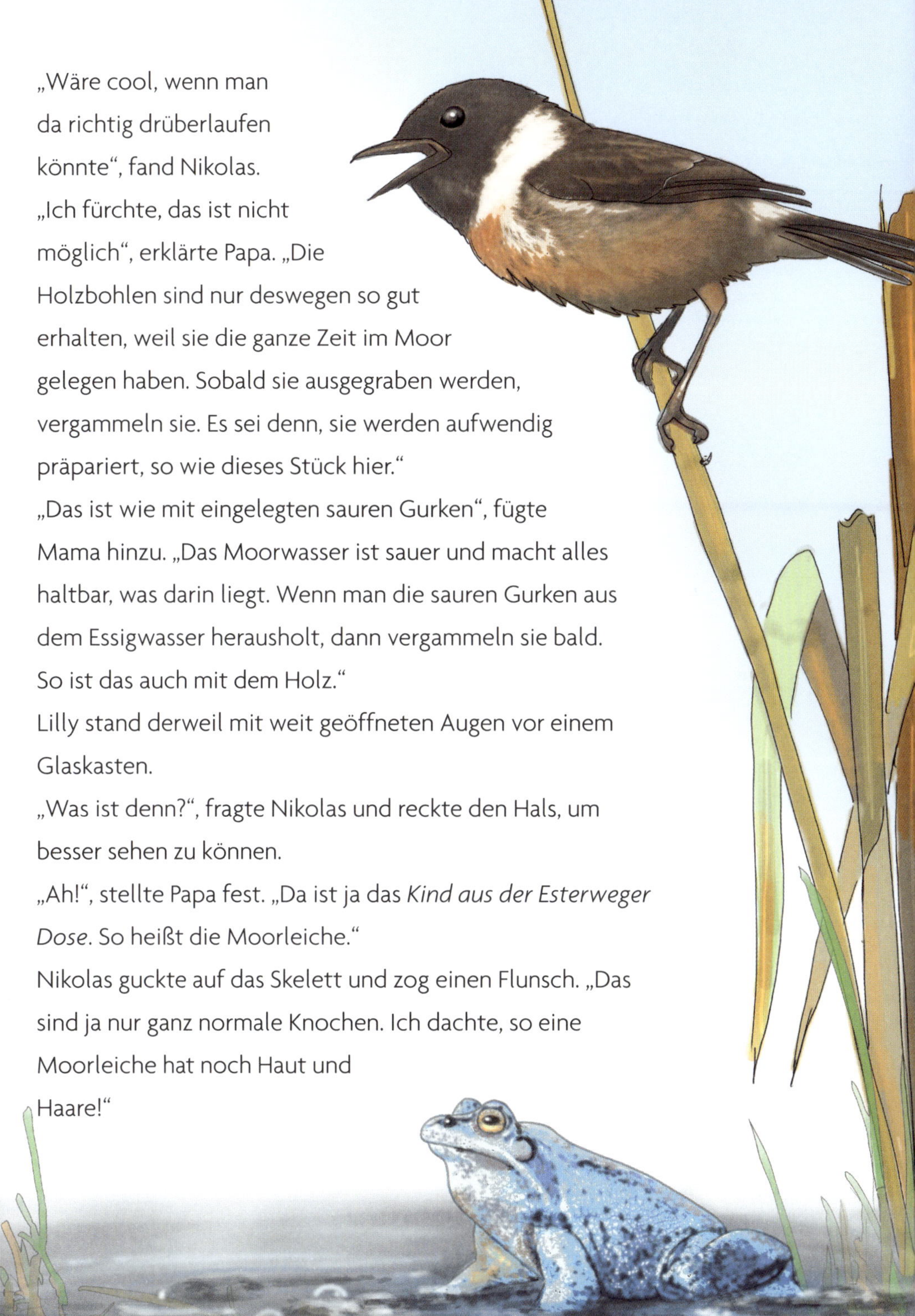

„Wäre cool, wenn man da richtig drüberlaufen könnte“, fand Nikolas.
„Ich fürchte, das ist nicht möglich“, erklärte Papa. „Die Holzbohlen sind nur deswegen so gut erhalten, weil sie die ganze Zeit im Moor gelegen haben. Sobald sie ausgegraben werden, vergammeln sie. Es sei denn, sie werden aufwendig präpariert, so wie dieses Stück hier.“
„Das ist wie mit eingelegten sauren Gurken“, fügte Mama hinzu. „Das Moorwasser ist sauer und macht alles haltbar, was darin liegt. Wenn man die sauren Gurken aus dem Essigwasser herausholt, dann vergammeln sie bald. So ist das auch mit dem Holz.“
Lilly stand derweil mit weit geöffneten Augen vor einem Glaskasten.
„Was ist denn?“, fragte Nikolas und reckte den Hals, um besser sehen zu können.
„Ah!“, stellte Papa fest. „Da ist ja das *Kind aus der Esterweger Dose*. So heißt die Moorleiche.“
Nikolas guckte auf das Skelett und zog einen Flunsch. „Das sind ja nur ganz normale Knochen. Ich dachte, so eine Moorleiche hat noch Haut und Haare!“

„Tja, diese hier leider nicht. Aber im *Landesmuseum* in Oldenburg gibt es noch Moorleichen, die besser erhalten sind. Da kommen wir in den nächsten Tagen bestimmt auch noch hin!“, versprach Mama.
In den weiteren Räumen gab es überall Stationen, die zum Mitmachen anregten. So konnten sie das Hochmoor wachsen lassen, mit einer Lupe Torf untersuchen und auf Tastendruck Tierstimmen ertönen lassen. Der Moorfrosch und das Schwarzkehlchen lärmten um die Wette.
An einer weiteren Station erfuhren sie, dass man früher die oberste Schicht des Moores abbrannte, um Felder für die Landwirtschaft zu gewinnen. Man nannte das Moorbrandkultur. Lilly amüsierte sich darüber, dass die Menschen damals die Glut mit Bratpfannen im Moor verteilt haben. Wie sehr der Qualm gestunken hat, konnten sie an einer Duftstation riechen.
Nikolas probierte das Torfstechen aus. Dafür hatte er an einer Maschine 30 Sekunden Zeit, mit einem Torfspaten ein Stück Torf hochzuheben. Schon nach dieser kurzen Zeit fand Nikolas das total anstrengend. Er mochte sich nicht ausmalen, wie schwer die Menschen damals geschuftet hatten.
„Was ist eigentlich ein Torfmullklosett?“, wollte Lilly wissen. Sie stand vor einem hölzernen Kasten.
„Ein Klosett ist eine Toilette“, erläuterte Mama. „Das war so eine Art Plumpsklo. Man konnte noch nicht mit Wasser spülen. Damit das nicht so stank, hat man dann trockenen Torfmull darübergestreut.“
Lilly schüttelte sich. „Gut, dass das heute anders ist.“

In der Zwischenzeit war Nikolas in das oberste Stockwerk vorgelaufen. Dort erfuhr er, was man alles herausfinden konnte, wenn man eine Moorleiche untersuchte: wie alt sie war, was für Kleidung sie trug und woraus ihre letzte Mahlzeit bestand.

Lilly sah sich Pollen unter dem Mikroskop an. „Habt ihr gewusst, dass im Moor ganz viele Pollen eingeschlossen sind und dass man so genau bestimmen kann, welche Pflanzen in der Umgebung des Moores wuchsen?“ Mama und Papa bestimmten das Alter von Holzstücken, indem sie die Anordnung der Jahresringe verglichen.

„Das Museum ist viel größer, als ich dachte!“, stellte Nikolas fest.

„Dabei haben wir erst die Hälfte gesehen“, meinte Mama. „Nun kommt ja noch das Außengelände!“

Das hatte es richtig in sich. Während Papa sich in aller Ruhe die zahlreichen Maschinen, mit denen man Torf abgebaut hatte, ansah, hüpften Lilly und Nikolas auf einer Hochmoorwiese herum. Wie das schwankte! Mama hatte sich die Schuhe ausgezogen und die Hosenbeine hochgekrempelt. Mit vorsichtigen Schritten stakste sie durch das Moortretbecken. Das mussten die Kinder natürlich sofort nachmachen. War das ein komisches Gefühl! Zum Glück konnten sie sich die Beine waschen und anschließend abtrocknen.

„Diese unscheinbare Pflanze sorgt übrigens dafür, dass das Moor so sauer wird“, erläuterte Mama, die Torfmoose in ihrer Hand hielt.

Nikolas nahm eine Handvoll Moos aus dem Eimer. „Das Zeug ist ja ganz schön schwer!“

„Stimmt!“, bestätigte eine Museumsmitarbeiterin, die frische Handtücher am Moortretbecken auslegte. „Das Torfmoos speichert das Wasser. Und deine Mutter hat auch recht. Das Moos macht nämlich das Wasser sauer. Wenn du etwas von dem Moos in ein Glas mit Leitungswasser legst, dann wird das Wasser nach kurzer Zeit sauer.“

„Kann ich das hier ausprobieren?“, fragte Nikolas aufgeregt.

„Leider nicht!“, bedauerte die Museumsmitarbeiterin. „Aber ich kann dir ein wenig getrocknetes Moos mitgeben. Das wird wieder lebendig, sobald du es ins Wasser legst!“

„Oh ja!“

„Habt ihr denn schon den Sonnentau entdeckt?“, erkundigte sich die Frau.

Lilly und Nikolas schüttelten die Köpfe.

„Sucht ihn mal dort auf dem Hochmoor-Beet! Ich komme gleich wieder.“

Angestrengt blickten die Geschwister auf die Stelle, die ihnen die Mitarbeiterin gezeigt hatte, doch sie konnten nichts entdecken.

„Ich hab es!“, rief plötzlich Mama. Sie zeigte auf winzige runde Blätter, an denen außen Tautropfen glitzerten. „Könnt ihr euch vorstellen, dass der Sonnentau damit kleine Insekten fängt?“

„So winzig ist so ein Sonnentau?“ Nikolas guckte verwundert. Er machte ein Foto mit seiner Handykamera. Mama hatte die Idee, dass er ein 1-Cent-Stück daneben legen sollte, damit man auf dem Foto auch erkennen konnte, wie klein die Pflanze in Wirklichkeit ist.

Die Museumsmitarbeiterin kam zurück und drückte Nikolas eine Papiertüte mit Torfmoospflanzen in die Hand. „Mit den Pflanzen kannst du noch viele andere Versuche durchführen. Suche mal im Internet unter ‚Versuche mit Torfmoos‘. Da solltest du fündig werden.“

„Vielen Dank!“, sagte Nikolas begeistert.

„Guckt mal!“, rief Lilly. „Hier steht so eine Moorkate, wie wir sie damals in diesem Moormuseum in Ostfriesland gesehen haben!“ Als sie in Greetsiel Urlaub gemacht hatten, hatten sie einen Ausflug ins Moormuseum Moordorf, das „Museum der Armut“ gemacht. Dort standen viele Hütten, und Lilly hatte noch gut im Gedächtnis, wie armselig die Menschen damals gelebt hatten.

Während Mama sich den Moorlehrgarten ansah, versuchten Lilly und Nikolas, in Holzschuhen zu laufen und ein Joch mit Wassereimern zu tragen. Auch altes Spielzeug konnten sie ausprobieren: auf Stelzen laufen, mit einem Steckenpferd reiten, Reifenschlagen und Seilspringen.

Zum Abschluss kehrte die Familie in die Teestube ein, die zum Museum gehörte.

MOORFÜHRUNG SPEZIAL

Als sie auf dem Ferienhof ankamen, erblickten die Geschwister Jonte, der auf einer Bank saß und die Beine baumeln ließ. Sobald das Auto stand, kam er angeflitzt. Lilly und Nikolas erzählten ihm, dass sie im Museum gewesen waren und was sie dort alles erlebt hatten. Nikolas verriet Jonte, dass er sich für das Moor interessiere, weil er mit dem Thema an einem Wettbewerb teilnehmen würde.

„Ich habe sogar Torfmoose bekommen!", verkündete Nikolas stolz und zeigte Jonte die Papiertüte. „Mit dem Moos kann ich ganz tolle Versuche machen. Es macht nämlich das Moor sauer wie Essig."

„Und deswegen sind auch die Moorleichen so gut erhalten. Die Leichen sind quasi wie saure Gurken!", fügte Lilly hinzu.

„Hier in Kayhausen wurde auch eine Moorleiche gefunden!", erzählte Jonte. „Und mein Opa macht hier immer Moorführungen und sticht Torf! Da bin ich schon ganz oft dabei gewesen. Ich könnte meinen Opa locker vertreten.

Ihr habt doch Fahrräder mit. Wenn ihr wollt, zeige ich euch den Torfspitt im Moor!"

„Was ist ein Torfspitt?", wollte Lilly wissen.

„So heißt die Stelle, an der Torf gestochen wird."

Die Geschwister sahen einander kurz an und nickten dann wie auf Kommando.

„Wir müssen nur unseren Eltern sagen, wo wir hinfahren", rief Lilly und flitzte los.

Mama und Papa hatten nichts dagegen. Nikolas verstaute sein Handy, sein Notizbuch, seine und auch Lillys Trinkflasche in seinem Rucksack.

Beim *Torfspitt* angekommen, stellten die Kinder ihre Räder vorn an der Informationstafel ab. Sie folgten dem Schild „Moorpad“. Ein schmaler Weg führte durch ein Birkenwäldchen. Ein Zitronenfalter tanzte vor ihnen her.
Jonte zeigte ihnen eine kleine Hütte, in der die Arbeiter früher ihre Arbeitsgeräte untergestellt hatten. Dann präsentierte er ihnen die Stelle, an der bei Moorführungen noch Torf gestochen wurde. Neben dem Torfstich waren Türmchen aus Torfsoden aufgebaut.
Jonte erklärte ihnen, dass der Torf nass ist, wenn er frisch gestochen wird, und erst trocknen muss, bevor man damit heizen kann. Dann zeigte er ihnen, wie die Soden aufgeschichtet werden müssen, damit der Wind gut durchziehen kann und sie schnell trocknen. Nikolas drehte mit der Handykamera einen Film darüber, wie die Soden gestapelt werden. Lilly zog ihre Jacke aus und hängte sie über die Lehne einer Bank. Dann stapelte sie mit Jonte um die Wette.
„Puh! Ganz schön anstrengend!“ Lilly wischte sich mit dem Handrücken über die Stirn.
„Dafür habe ich jetzt aber einen tollen Film im Kasten!“ Nikolas zeigte Jonte und Lilly, was er gedreht hatte.

Besonders interessant fand Nikolas die *Bodenstation*, die etwas abseits lag. Sie bestand aus einer abgestochenen Moorwand, an der die einzelnen Schichten des Moores erkennbar waren. An einer Tafel konnte man das

Alter der einzelnen Schichten ablesen. Die unterste Bodenschicht war 7.000 Jahre alt!

Nikolas machte zahlreiche Fotos und ließ sich von Lilly vor der Moorwand fotografieren.

Hinter der *Bodenstation* war ein hoher Zaun. Ein Schild warnte vor dem Betreten des Geländes.

„Da hinten ist das Moorschlammbecken", erklärte Jonte. „Dort wird das Moor für die Moorbäder abgebaut."

„Baden die Leute echt im Moor?" Lilly verzog angeekelt das Gesicht. „Da wird man ja ultradreckig!"

„Soll aber gesund sein", meinte Jonte. „Ist gut gegen Rheuma und so. Auf jeden Fall ist es sehr gefährlich, das Gelände zu betreten. Ein falscher Schritt, und man sitzt bis zum Hintern im Moor und kommt kaum wieder raus."

„Stimmt das wirklich?", fragte Nikolas.

Jonte nickte. „Im letzten Jahr hat hier der Fernsehsender NDR gedreht. Eine Moderatorin hat ausprobiert, was dabei passiert."

Lilly riss ihre Augen weit auf. „Die hat echt ihr Leben riskiert?"

„Nicht ganz. Die Feuerwehr hatte sie mit einem Seil gesichert, mit dem man sie dann wieder rausgezogen hat."

„Und ich habe immer gedacht, dass das nur Gruselgeschichten in Büchern sind", sagte Nikolas und blickte zum Moorschlammbecken.

Als die Kinder zur Hütte zurückkehrten, stand ein PKW auf dem Feldweg daneben. Auf der Bank saßen nun ein Mann und eine Frau. Sie hatten ein Picknick zwischen sich ausgebreitet und Lillys Jacke achtlos auf ein Torfsoden-Türmchen geworfen.

„Was glotzt ihr so?“, schnauzte der Mann die Kinder aus heiterem Himmel an. „Habt ihr kein Zuhause? Verschwindet gefälligst! Wir wollen hier unsere Ruhe haben!“ Die Frau sagte nichts und schaute betreten zu Boden. „Wird’s bald?!“, pöbelte der Mann.

Die Kinder sahen einander an. „Besser wir gehen“, flüsterte Nikolas.

Lilly schnappte sich ihre Jacke, und dann liefen sie zu ihren Fahrrädern.

„Was war das denn für ein Idiot?“ Nikolas schaute noch einmal zu dem Paar.

Jonte zuckte die Schultern. „Die waren auf jeden Fall nicht von hier. Wisst ihr was? Ich zeige euch noch, wo der ‚Junge von Kayhausen‘ gelegen hat!“

„‚Der Junge von Kayhausen‘?“, fragte Lilly verwundert.

„Ja, so heißt die Moorleiche, die hier in der Nähe gefunden wurde. Das ist ein Junge, der ungefähr so alt war wie ich. Er wurde ermordet!“

Lilly lief ein Schauer über den Rücken. Sie hatte ein mulmiges Gefühl im Bauch. Am liebsten wäre sie sofort nach Hause gefahren, aber als Zimperliese wollte sie auch nicht dastehen.

Jonte fuhr vor. Nikolas und Lilly hatten Mühe, ihm auf dem schmalen Weg zu folgen. Plötzlich bremste Jonte ab und zeigte auf ein verwittertes Schild. „Hier wurde die Moorleiche gefunden!“

Lilly atmete auf. Der damalige Fundort war nun eine Weide, auf der friedlich Kühe grasten.

„Und was ist dann mit der Moorleiche passiert?“, fragte Nikolas und machte Fotos von dem Schild.

„Die wurde genau untersucht und liegt jetzt in einem Museum in Oldenburg.“

„Wir müssen Papa unbedingt fragen, ob wir uns die noch ansehen können!“, sagte Nikolas zu seiner Schwester.

DER VERGESSENE RUCKSACK

Nach dem Abendessen gingen Nikolas und Lilly zu Jonte und den anderen Ferienkindern in den Garten. Opa Herbert hatte Feuer in einem Feuerkorb gemacht und verteilte Marshmallows zum Rösten an die Kinder. Lilly nahm sich ihr neues Buch, um zu lesen.

„Wo hast du eigentlich meine Trinkflasche gelassen?", fragte sie dann ihren Bruder.

„Ich habe deine Trinkflasche nicht!"

„Doch", entgegnete Lilly. „Du hast sie in deinen Rucksack gesteckt, bevor wir ins Moor gefahren sind."

Schlagartig wurde Nikolas kalkweiß im Gesicht. Dann bekam er rote Flecken am Hals. Ihm wurde total heiß.

„Alles in Ordnung mit dir? Ist dir nicht gut?", fragte Lilly besorgt.

Nikolas schüttelte heftig den Kopf. Dann beugte er sich zu seiner Schwester und flüsterte: „Ich befürchte, ich habe den Rucksack im Moor vergessen!"

Lilly riss die Augen weit auf. „Au Backe! Ist da etwa dein Handy drin?"

„Mein Handy nicht, das habe ich in der Hosentasche, aber mein Portemonnaie mit meinem ganzen Geld."

„Das gibt mächtigen Ärger." Lilly blickte zu ihren Eltern hinüber, die nun auch nach unten in den Garten kamen.

„Nicht, wenn wir den Rucksack noch schnell holen!", entgegnete Nikolas.

Seine Schwester sah ihn entgeistert an. „Du willst jetzt noch ins Moor fahren? Es wird schon dunkel! Ich würde nicht einmal den Weg finden! Und außerdem würden Mama und Papa das gar nicht erlauben."

„Die fragen wir doch nicht, du Schaf! Aber ich frage Jonte, ob er mitkommt!"

Nikolas ging zu Jonte, der sich mit den Erwachsenen unterhielt, und nahm ihn beiseite. Der Junge war sofort bereit, die Geschwister zu begleiten.

„Wir gehen mit Jonte zum Baumhaus, weil man von dort den Sternenhimmel besser beobachten kann", erklärte Nikolas seinen Eltern. Zum Glück konnten sie in der Dämmerung nicht sehen, dass er einen puterroten Kopf bekam.

Die Kinder schnappten sich ihre Räder und düsten los. Obwohl der Himmel sternenklar war, konnten sie kaum etwas sehen. Die Fahrradlampen leuchteten die Wege nur wenig aus. Die drei mussten höllisch aufpassen, da die Straßen sehr holprig waren. In der Ferne schrie eine Eule. Eine Maus huschte im Lichtkegel der Fahrradlampen über den Weg.

Kurz bevor sie den Torfspitt erreicht hatten, stieg Jonte plötzlich in die Eisen und brachte sein Rad zum Stehen. Nikolas wäre ihm fast hinten reingefahren. Lilly konnte gerade noch ausweichen.

„Seht ihr das?", fragte Jonte atemlos.

„Was?" Nikolas schaute angestrengt in dieselbe Richtung wie Jonte.

„Na da, die Lichter!" Jonte zeigte in die Richtung des Torfspitts. „Da hält irgendein Fahrzeug!"

Nun sahen Lilly und Nikolas, was er meinte. „Das ist doch bloß ein Auto", sagte Lilly.

„Ja, aber was hat das da um diese Uhrzeit zu suchen? Das ist höchst merkwürdig!", entgegnete Jonte.

„Ob das noch die komischen Leute von heute Nachmittag sind?", überlegte Nikolas.

Jonte schüttelte den Kopf. „Die waren mit einem Passat da. Dies ist auf jeden Fall ein größeres Fahrzeug. Kommt, wir schleichen uns an und sehen nach, was da los ist!"

Fast geräuschlos fuhren die Kinder weiter. Die Lampen an ihren Rädern hatten sie ausgeschaltet. Sie stellten ihre Fahrräder wieder an der Infotafel ab und schlichen im Schatten der Bäume bis zur Torfgrube. Dort sprangen sie in die Senke und gingen unten in Deckung. Vorsichtig lugten sie über den Rand.

Auf dem Feldweg stand ein Pritschenwagen mit laufendem Motor. Auf der Ladefläche des Autos befanden sich gigantische Säcke. Zwei Männer waren damit beschäftigt, einen weiteren Sack hochzuhieven. Einer der beiden schimpfte die ganze Zeit über. Da der Motor so laut war, konnten die Kinder nur Bruchstücke verstehen.

„Du Torfkopp! ... zu doof, um die Ladung richtig zu sichern!"

Die Männer zerrten und zogen an dem Sack, der mächtig schwer zu sein schien. Plötzlich kippte die obere Hälfte des Sackes nach vorn, und der Inhalt ergoss sich über den schimpfenden Mann. Die Kinder konnten sich das Lachen nur mühsam verkneifen, während der Mann vor Wut fast explodierte. Dann schaufelten die Männer mit bloßen Händen den verlorenen Inhalt zurück auf die Ladefläche. Die Kinder hörten es poltern.

„Ob die Torfsoden stehlen wollen?", flüsterte Jonte Lilly und Nikolas zu.

„Das klingt irgendwie anders als Torfstücke", stellte Nikolas fest.

Jonte reckte den Hals. Aber in der Dunkelheit konnte er nicht erkennen, ob etwas von den Türmchen fehlte.

„Wo ist denn nun dein Rucksack?“, fragte Lilly ihren Bruder. „Wenn wir noch länger wegbleiben, vermissen uns Mama und Papa. Wenn die merken, dass wir heimlich im Moor waren, gibt es richtigen Ärger!“

„Den habe ich an der Hütte abgestellt“, antwortete Nikolas.

„Am besten holst du ihn alleine“, meinte Jonte. „Wir warten hier auf dich!“

Nikolas kletterte aus der Grube. Dabei rutschte er ab und trat voll in eine Pfütze, die sich unten gebildet hatte.

Nikolas merkte, wie das Wasser in seinen Schuh gluckerte. Zum Glück war der Rucksack noch genau da, wo der Junge ihn abgestellt hatte. Er tastete von außen den Stoff ab. Auch der Inhalt schien noch da zu sein.

Als er zur Grube zurückkam, half Jonte gerade Lilly heraus. Die beiden Männer schaufelten immer noch den verlorenen Inhalt des Sackes auf die Ladefläche. Die Kinder schlichen zu ihren Rädern. So schnell sie konnten, radelten sie nach Hause.

Als die Kinder vollkommen außer Atem zurück zum Ferienhof kamen, saßen die Eltern immer noch am Feuerkorb und unterhielten sich. Anscheinend hatten sie die Kinder nicht vermisst.

„Ich glaube, es wird langsam Zeit, dass ihr ins Bett geht“, sagte Papa, als er sie erblickte.

„Wieso seid ihr denn so außer Atem?“, wunderte sich Mama. „Ist etwas passiert?“

Nikolas und Lilly schüttelten synchron ihre Köpfe. „Wir haben nur Verstecken gespielt!“, antwortete Nikolas schnell.

„Mit dem Rucksack auf dem Rücken?“ Mama zog fragend die Augenbrauen hoch.

„Wir machen uns dann schon bettfertig“, verkündete Lilly, packte ihren Bruder am Arm und zog ihn mit.

„Puh, das ist gerade noch mal gut gegangen!“, murmelte Nikolas auf dem Weg in die Ferienwohnung.

„Was die Männer bloß im Moor gemacht haben?“, grübelte seine Schwester.

DAS WAR KNAPP!

Am nächsten Morgen wurden die Kinder durch lautes Pfeifen unter ihrem Fenster geweckt. Als Lilly heraussah, entdeckte sie Jonte. Schnell zogen die Geschwister sich an und verließen leise die Wohnung, um ihre Eltern nicht zu wecken.

Jonte blickte von Nikolas zu Lilly. Dann beugte er sich vor und flüsterte: „Ich will gleich unbedingt noch einmal zum Torfspitt und nach Spuren suchen. Kommt ihr mit?"

Nikolas zuckte mit den Schultern. „Ich fürchte, unsere Eltern wollen einen Ausflug mit uns machen."

„Können wir nicht heute Nachmittag nachsehen?", warf Lilly ein.

Jonte schüttelte den Kopf. „Bis dahin könnten die Spuren verwischt sein. Dann fahre ich alleine hin."

Nikolas wandte sich an seine Schwester. „Wir müssen versuchen, Mama und Papa zu überzeugen, dass wir erst am Nachmittag einen Ausflug machen."

Lilly seufzte. „Hoffentlich schaffen wir das!"

Die Geschwister beschlossen, das Frühstück vorzubereiten. Rosel hatte ihnen die Brötchen mitgegeben, die Mama am Tag zuvor bei ihr bestellt hatte. Sie waren mit den Vorbereitungen fast fertig, als Papa sein verschlafenes Gesicht durch den Türrahmen steckte. „Ihr seid ja schon fleißig!"

Wie die Kinder bereits vermutet hatten, hatte Mama längst Pläne für den Tag geschmiedet. „Wir wollen in das *Horst-Janssen-Museum* nach Oldenburg“, verkündete sie.

„Was ist das denn?“, fragte Nikolas.

„Horst Janssen war ein bedeutender Zeichner und Autor“, erklärte Papa.

„Und was gibt es in diesem Museum zu sehen?“ Lilly angelte nach dem Käse.

Mama nahm einen Schluck Kaffee. „Hauptsächlich seine Zeichnungen.“

Nikolas warf seiner Schwester einen Blick zu. „Ist das nicht furchtbar langweilig für uns Kinder?“

„Ach“, meinte Papa, „ein wenig Kunst und Kultur könnte euch auch nicht schaden.“

Lilly kaute hektisch auf ihrem Brötchen herum. In ihrem Kopf schwirrten die Gedanken hin und her. „Aber es ist doch blöd, wenn ihr für etwas Eintritt bezahlt, das uns gar keinen Spaß macht!“

„Lilly, du sollst nicht mit vollem Mund reden!“, entgegnete die Mutter und schaute ihre Tochter leicht genervt an. „Und um den Eintritt musst du dir keine Sorgen machen. Kinder zahlen dort nichts.“

Lilly seufzte laut.

„Habt ihr denn einen anderen Vorschlag?“, versuchte Papa einzulenken, um die Situation zu retten.

„Was?“ Mama sah erschrocken zu Papa. „Ich möchte wirklich gern in das Museum!“

Alle schwiegen und dachten nach.

„Mein Vorschlag wäre“, fing Nikolas leise an, „dass ihr einfach alleine fahrt. Dann kann Mama das Museum genießen, ohne dass wir sie nerven, weil wir uns langweilen.“

Mama schwieg.

„Und was wollt ihr so lange machen?“, fragte Papa.

„Wir könnten Jonte bei den Tieren helfen“, schlug Lilly vor.

„Und ich hätte endlich mal Zeit, an meinem Projekt zu arbeiten. Dazu bin ich noch gar nicht gekommen“, fügte Nikolas hinzu. „Heute Nachmittag können wir dann ja wieder etwas gemeinsam machen.“

Papa kratzte sich am Kinn und schaute dann zu Mama. „Ich finde, der Vorschlag klingt annehmbar. Was meinst du?“

„Okay“, willigte Mama ein.

Nikolas stupste Lilly unter dem Tisch vorsichtig ans Schienbein und grinste sie an.

SPURENSICHERUNG

Jonte wartete schon bei den Fahrrädern. Er trug einen blauen Rucksack auf dem Rücken. Wenige Sekunden später radelten die Kinder vom Hof in Richtung Moor.

Wie die beiden Male zuvor, stellten sie ihre Räder an der Informationstafel ab. Dann gingen sie langsam den Feldweg entlang. Ungefähr an der Stelle, an der in der Nacht zuvor das Fahrzeug gehalten hatte, blieben sie stehen. Auf dem Feldweg waren mehrere Reifenspuren und ein großer platter Fleck zu sehen.

„Da hat bestimmt dieser riesige Sack gestanden", meinte Lilly und zeigte auf den Fleck.

Jonte nickte zur Bestätigung. „Hier gibt es verschiedene Reifenspuren. Welche könnten zu dem Pritschenwagen gehören?"

Die Kinder beugten sich über die Spuren.

„Es gibt sehr breite und etwas schmalere", stellte Nikolas fest.

Plötzlich hörten die Kinder Motorengeräusche. Ein großer Trecker mit Anhänger kam vom Abbaugelände der Kurverwaltung. Die Kinder traten ein paar Schritte zurück. Als der Trecker auf sie zufuhr, hob Jonte grüßend die Hand. Der Fahrer nickte ihnen zu. Als das schwere Fahrzeug genau auf ihrer Höhe war, knirschte es laut.

Sobald der Schlepper verschwunden war, betrachteten die Kinder wieder die Spuren. „Das war der Traktor von der Kurverwaltung. Der hat gerade den Torf für die Moorbäder geholt", erklärte Jonte.

„Diese breiten Spuren hat er gerade hinterlassen", meinte Nikolas und zeigte auf ein frisches Reifenprofil.

Jonte nickte zur Bestätigung. „Genau. Dann könnten diese schmaleren hier von dem Pritschenwagen stammen!"

Jonte nahm seinen Rucksack ab und leerte ihn aus. Lilly und Nikolas staunten nicht schlecht, was da alles zum Vorschein kam: eine Tüte mit Gips, ein großer Messbecher, Pappstreifen aus Karton, Büroklammern, Zeitungspapier und eine Trinkflasche mit Wasser.

„Ich will später mal zur Polizei und dort bei der Spurensicherung arbeiten", erklärte Jonte. Zuerst formte er aus den Pappstreifen einen Rand, den er um ein Stück der Reifenspur legte. Damit der Ring nicht wieder auseinanderflutschte, befestigte er die beiden Enden mit Büroklammern. Als Nächstes gab er ein wenig Wasser in den Becher. Darauf kam dann das Gipspulver. Mit einem Zweig verrührte Jonte die Mischung so lange, bis sie die Konsistenz von Pfannkuchenteig hatte. Dann goss er den Gips in die vorbereitete Pappstreifenform.

„Nun müssen wir eine Weile warten, bis das getrocknet ist", stellte Jonte fest. Er packte seine Sachen wieder sorgfältig in den Rucksack.

Inzwischen untersuchte Lilly die Erdklumpen, die auf der Fahrspur lagen. Dort, wo es kurz zuvor geknirscht hatte, schob sie den Dreck beiseite. Orangefarbene Scherben kamen zum Vorschein. Als Lilly sie wie ein Puzzle zusammengesetzt hatte, lagen zwei Fliesen vor ihr. Beide waren orange, und auf der einen Kachel prangte ein weißes „G".

„Guckt mal, was ich gefunden habe!", rief Lilly den Jungen zu.

„Die könnten gestern aus dem Sack gefallen sein", meinte Jonte. Dann zog er einen Gefrierbeutel aus seinem Rucksack und verpackte die Bruchstücke sorgfältig.

„Ich wüsste zu gerne, ob der Pritschenwagen noch einmal wiederkommt", überlegte Nikolas.

Jonte nickte und dachte kurz nach. „Um das herauszufinden, müssen wir hier alle Fahrspuren beseitigen und jeden Tag nachsehen, ob neue Spuren hinterlassen wurden."

„Ob das funktioniert?" Nikolas zweifelte. „Sobald der Schlepper wiederkommt, sind doch neue Spuren da!"

Jonte schüttelte den Kopf. „Der kommt nur einmal in der Woche. So viel Torf wird nicht benötigt."

Die Kinder nahmen sich jeweils ein Büschel von der Besenheide und fegten alle Spuren von dem langen Feldweg fort. Als sie damit fertig waren, war der Gipsabdruck getrocknet. Jonte wickelte ihn vorsichtig in Zeitungspapier ein und steckte ihn zu den anderen Utensilien in seinen Rucksack.

MIT DER DRAISINE ZUM KÄSEHOF

Für den Nachmittag hatte Mama eine Draisine gebucht. Der Draisinenbahnhof für die Abfahrt lag auf einem Baumschulgelände. An einem historischen Bahnwärterhäuschen meldeten sie sich an. Sie bekamen eine Draisine für vier Personen zugewiesen. Außerdem wurde erklärt, wie sie treten, bremsen und die Schranken an der Strecke bedienen mussten. Das klang alles ganz einfach. Dann ging es auch schon los!

„Ich werde mich erst einmal ausruhen!“, beschloss Papa und nahm auf der Bank in der Mitte Platz.

„Ich bin mit dabei!“ Mama lachte und platzierte sich schnell neben Papa.

Lilly und Nikolas setzten sich auf die beiden Räder an den Außenseiten des Gefährts.

„Ob wir das schaffen?“, zweifelte Lilly.

Doch das Treten ging relativ leicht. Sie fuhren etwas schneller als Schritttempo.

„Und man muss gar nicht lenken. Das machen die Schienen“, meinte Nikolas.

Nach ungefähr einer halben Stunde kamen sie zu *Krekes Käsehof*. Dort legten sie eine Pause ein. Dazu mussten sie die Draisine vom Gleis heben und parken. So konnten andere Fahrer sie überholen.

Lilly war ganz entzückt von den vielen Lämmern, die schon gar nicht mehr so klein waren. Sie durften sogar zusehen, wie die Schafe gemolken wurden.

Mama kaufte im Hofladen für das Abendbrot ein: Joghurt, Quark und Schafskäse.

Dann ging es weiter. Als sie am Ende der Tour angekommen waren, drehten sie die Draisine um und radelten zurück. Nun durften Mama und Papa alles geben, und Lilly und Nikolas ruhten sich aus.

Abends spielten sie mit Jonte Tischtennis. Wenn die Eltern außerhalb der Hörweite waren, besprachen sie, wie sie in der Geheimsache weiter vorgehen wollten.

„Wir müssen jeden Tag auf dem Feldweg nachsehen, ob der Pritschenwagen wieder da war!", bestimmte Jonte. „Gleich morgen früh!"

„Ich bin so aufgeregt! Hoffentlich kann ich heute Nacht überhaupt schlafen!", meinte Lilly.

BOHLENWEG UND KLAPPERSTÖRCHE

Gleich nach dem Frühstück flitzten Lilly und Nikolas nach unten, um Jonte zu suchen. Die Eltern wollten erst gegen 10 Uhr zum nächsten Ausflug aufbrechen. Deswegen blieb ihnen noch genug Zeit, um beim Torfspitt nach neuen Reifenspuren Ausschau zu halten. Den Eltern hatten sie erzählt, dass sie eine kurze Radtour mit Jonte machen würden.

Doch so sehr die Geschwister auch suchten, sie konnten Jonte nirgends entdecken. Das sah ihm so gar nicht ähnlich. Sonst wartete er schon immer ungeduldig. Doch dann kam Rosel aus dem Hühnerstall.

„Moin, ihr beiden! Na, was macht ihr schon so früh hier?"

„Moin!", riefen beide wie aus einem Mund.

„Wir suchen Jonte", entgegnete Nikolas.

„Da könnt ihr lange suchen. Jonte wurde schon von seiner Mutter abgeholt. Der hat heute einen Zahnarzttermin. Vor heute Nachmittag wird er nicht zurück sein."

„Oh, das ist aber schade!", antwortete Lilly. Die Geschwister wechselten kurz einen Blick, verabschiedeten sich von Rosel und bummelten zu ihren Rädern.

„Was machen wir nun?" Fragend blickte Lilly ihren Bruder an.

„Wir fahren einfach alleine", schlug Nikolas vor.

„Aber ...!"

„Kein Aber! Wir haben Mama und Papa gesagt, dass wir eine Radtour machen. Dass Jonte nicht mit war, müssen wir ihnen ja nicht erzählen. Und den Weg kennen wir doch!"

Nachdenklich schaute Lilly nach unten. Sie zeichnete mit der rechten Fußspitze einen Kreis in den Sand. Dann gab sie sich einen Ruck. „Na gut!"
Sie schwangen sich auf die Räder, und Nikolas gab ordentlich Gummi. Lilly hatte Mühe mitzuhalten. Diesmal fuhren sie direkt mit den Rädern auf den Feldweg.
„Kannst du neue Reifenspuren entdecken?", fragte Nikolas und schaute angestrengt auf den Boden.
Lilly schüttelte den Kopf. „Nein. Zumindest keine von einem Auto oder so. Nur ganz schmale. Das müssen Fahrräder gewesen sein."
„Denke ich auch", stimmte Nikolas ihr zu. Er zeigte auf Fußspuren. „Hier sind die Radfahrer abgestiegen."
„Also keine neuen Vorkommnisse in der Geheimsache Moor", fasste Lilly zusammen. „Nichts wie ab nach Hause!"

„Was machen wir heute eigentlich?", erkundigte sich Nikolas und stopfte eine Flasche Wasser in seinen Rucksack.
„Kannst du dich noch an den Bohlenweg unter Glas erinnern? Den wir im *Moor- und Fehnmuseum Elisabethfehn* gesehen haben?", fragte Papa.
„Na, klar!" Nikolas' Antwort kam wie aus der Pistole geschossen.
„Hier ganz in der Nähe ist das *Wittemoor*. Dort hat man vor ungefähr 60 Jahren einen Bohlenweg ausgegraben. Ich hatte euch ja schon erzählt, dass sich die Bohlen nicht lange halten, wenn man sie ausgräbt."
„Ja, das ist wie mit der sauren Gurke, die schlecht wird, wenn man sie aus dem Essigwasser nimmt", warf Lilly ein.
„Lass Papa weitererzählen!", forderte Nikolas ungeduldig.
„Und dort im *Wittemoor* hat man jetzt ein Stück Bohlenweg nachgebaut. Ich dachte, das könntest du vielleicht für dein Projekt gebrauchen!"
„Das ist eine tolle Idee!", stimmte Nikolas zu.

Im *Wittemoor* mussten sie nicht lange suchen. Der Bohlenweg war gut ausgeschildert. Der nachgebaute Weg zeigte zwei verschiedene Bauweisen. Nikolas schaute sich alles haargenau an und machte Zeichnungen von dem Weg in sein Notizbuch. Auch die Handykamera kam wieder zum Einsatz.
„Ich hätte nicht gedacht, dass so ein Bohlenweg so breit ist“, meinte Nikolas.
„Ehrlich gesagt, ich auch nicht“, gestand Papa. „Aber es mussten ja auch zwei Ochsengespanne aneinander vorbeifahren können.“
Lilly lief prüfend über die Baumstämme, die verbaut worden waren. „Das muss aber ganz schön holprig gewesen sein.“
Mama lachte. „Bequem waren die Straßen damals in der Tat nicht.“
Lilly wies mit dem Zeigefinger auf eine merkwürdige Holzfigur neben dem Weg. „Was soll das eigentlich sein?“
„So ganz genau weiß man das nicht“, erzählte Papa, der die Informationstafeln studiert hatte. „Es könnte so eine Art Verkehrsschild gewesen sein, das vor einer gefährlichen Stelle im Moor warnte.“
Mama wedelte mit beiden Armen um sich. „Eigentlich wollte ich hier noch einen längeren Spaziergang machen, aber mich fressen die Mücken auf!“
Auch Papa war von den Biestern schon angezapft worden. So machte sich die Familie wieder auf den Weg zum Auto. Unterwegs fanden sie noch eine Stelle, wo sie auf dem Moorboden wippen konnten.

„Jetzt gucken wir uns ganz besondere Tiere an!“, kündigte Mama an und startete den Motor. „Ich bin gespannt, wann wir das erste Exemplar entdecken!“
„Was für Tiere?“, fragte Lilly und rutschte so weit nach vorn, wie der Sicherheitsgurt es zuließ.

„Guck einfach in den Himmel", erwiderte Mama. „Du kannst sie bestimmt nicht übersehen!"

Lilly ließ sich wieder in den Sitz plumpsen und starrte nach draußen. Es dauerte nicht lange, und sie sah einen großen Vogel kreisen. Als sie noch überlegte, welches Tier das sein könnte, schrie ihr Bruder schon: „Hier sind ganz viele Störche!"

„Ihr habt es erraten“, bestätigte Papa und drehte sich zu ihnen um. „Wir fahren zur *Storchenstation* nach *Berne*. Dort werden kranke und verletzte Tiere gesund gepflegt. Außerdem nisten dort jedes Jahr viele Paare.“

Als sie an der *Storchenstation* aus dem Auto stiegen, war das Klappern der Vögel nicht zu überhören.
„Wie majestätisch die fliegen!“ Lilly hatte ihren Kopf in den Nacken gelegt und staunte.
„Und wenn sie landen wollen, fahren sie wie ein Flugzeug ihr Fahrgestell aus!“, fügte Nikolas hinzu. Am liebsten würde er direkt unter einem der Nester stehen. Stattdessen konnten sie die Tiere nur aus großer Entfernung beobachten.
„Die Störche sollen möglichst ungestört bleiben“, erklärte ihm ein anderer Besucher. Er lieh Nikolas ein Fernglas, sodass dieser die Vögel besser sehen konnte.

Auf dem Rückweg zur Ferienwohnung hielt Mama bei einem Supermarkt an. Sie kauften für ein Picknick am Abend ein.
„Mist!“, raunte Nikolas seiner Schwester zu. „Wenn wir heute Abend zu einem Picknick unterwegs sind, können wir uns wieder nicht mit Jonte treffen.“
„Hoffentlich ist der mittlerweile vom Zahnarzt zurück!“, entgegnete Lilly.
Doch als sie auf dem Ferienhof ankamen, schüttelte Rosel bedauernd den Kopf. Jonte war noch unterwegs.

PFLANZENJÄGER IM PARK DER GÄRTEN

Zunächst machte die Familie eine kurze Mittagspause. Mama und Papa dösten auf einer Liege im Garten. Lilly las in ihrem Buch, und Nikolas vervollständigte seine Notizen zum Bohlenweg.

Dann halfen die Geschwister Mama bei den Vorbereitungen für das Picknick. Mama hatte Laugengebäck zum Aufbacken gekauft. Nikolas schnitt Möhren, Paprika und Gurken, und Lilly spießte Mozzarellakügelchen zusammen mit Cocktail-Tomaten auf Zahnstocher. Mama briet Mini-Frikadellen. Nikolas lief schon das Wasser im Mund zusammen. Als Mama nicht hinsah, stibitzte er ein Fleischbällchen. Lilly steckte sich rasch etwas Mozzarella in den Mund.

Mama erzählte ihnen, dass sie das Picknick im *Park der Gärten* machen würden. Dieser Park sei Deutschlands größte Mustergartenanlage. Mustergärten? Die Begeisterung der Geschwister hielt sich in Grenzen. Sie hatten gehofft, dass sie zum Picknick noch einmal an die Nordsee fahren würden.

Papa blickte aus dem Fenster. „Da unten sitzt euer neuer Freund!"

„Jonte?" Nikolas lief zum Fenster und schaute ebenfalls hinaus. Unten saß tatsächlich Jonte auf einem Gartenstuhl.

„Wir müssen kurz etwas mit ihm besprechen", erklärte Nikolas. „Komm, Lilly!"

Wie der Blitz sausten die Geschwister in den Garten. Jonte strahlte über das ganze Gesicht, als er sie erblickte. Aufgeregt erzählten ihm Lilly und Nikolas, dass sie am Morgen allein beim Torfspitt gewesen waren.

„Neue Reifenspuren konnten wir nicht erkennen“, schloss Nikolas ihren Bericht.

„Wir sollten jetzt trotzdem noch einmal nachsehen“, überlegte Jonte. „Wenn jetzt Spuren da sind, dann wissen wir, dass tagsüber jemand da war.“

Die Kinder drehten sich zu ihren Eltern um, die aus dem Haus kamen und das Auto für das Picknick beluden.

„Wir machen noch schnell eine kurze Radtour mit Jonte!“, erklärte Nikolas und griff nach seinem Fahrrad.

„Das ist leider nicht mehr drin“, erwiderte Papa und stellte den Picknickkorb in den Kofferraum. „Wir wollen sofort los, sonst schließen die Kassen, und wir kommen nicht mehr rein.“

„Holt bitte noch eure Jacken. Es kann dort heute Abend kühl werden“, fügte Mama hinzu.

„So lange wollen wir da bleiben?“, entgegnete Nikolas entsetzt.

„Müssen wir denn unbedingt mit?“, fragte Lilly. „Da ist es für uns bestimmt todlangweilig. Können wir nicht lieber hier bleiben?“

„Ich glaube nicht, dass es dort für euch langweilig sein wird“, entgegnete Mama. „Ihr müsst schließlich auch etwas essen. Außerdem seilt ihr euch für meinen Geschmack etwas zu häufig ab. Dies ist schließlich ein Familienurlaub!“

„Menno!“ Nikolas zog einen Flunsch.

„Wo wollt ihr denn hin?“, fragte Jonte neugierig.

„In den *Park der Gärten*“, antwortete Mama.

„Oh, cool! Ich war schon mal mit der Schule dort. Da gibt es gleich mehrere tolle Spielplätze!“

„Hast du nicht Lust mitzukommen?“, fragte Mama. „Das Picknick reicht bestimmt auch noch für eine fünfte Person.“

Jonte strahlte über das ganze Gesicht. „Voll gerne! Ich muss nur schnell Oma Bescheid sagen!“

Eine Viertelstunde später betraten sie den Kassenbereich des Parks. „Ein Park, für den man Eintritt zahlen muss? Das ist aber komisch!“ Lilly zog die Nase kraus.

„Das ist hier ja kein normaler Park“, erklärte Papa. „Hier gehört noch eine Erlebnisausstellung dazu, und man kann viel über Pflanzen lernen.“

„Außerdem zahlt ihr Kinder noch keinen Eintritt, und wir Erwachsenen können um diese Uhrzeit eine ermäßigte Abendkarte kaufen. Und wenn ihr bei uns in Berlin an den *Britzer Garten* oder die *Gärten der Welt* denkt: Da müssen wir auch Eintritt zahlen.“

Die Kinder hörten gar nicht mehr zu. Sie waren unterwegs auf den Spuren der Pflanzenjäger in der Ausstellung *Grüne Schatztruhe*. Lilly stand vor einer großen Waage, mit der sie herausfinden konnte, wie viel

eine Tulpenzwiebel während des „Niederländischen Tulpenfiebers“ im 17. Jahrhundert wert war. Nikolas und Jonte saßen an einem Mikroskopiertisch und untersuchten Blüten. Danach stürzten sich die Kinder auf Duftblüten und versuchten um die Wette, Pflanzen zu erschnuppern.
„Ihr könnt ja gerne noch eine Weile in der Ausstellung bleiben“, meinte Papa. „Mama und ich erklimmen jetzt den Aussichtsturm.“
„Mama auch?“, erkundigte sich Lilly, die genau wusste, dass ihre Mutter unter Höhenangst litt.
„Klar!“, antwortete Mama und lächelte etwas gequält.
Den Aussichtsturm wollten die Kinder sich natürlich auch nicht entgehen lassen. So schnell es ging, stürmten sie die Treppenstufen nach oben. Mama folgte ihnen langsam.
„Ist die Aussicht nicht toll?“, rief Jonte. „Und merkt ihr, dass der Turm wackelt? Wenn es windig ist, ist es noch viel schlimmer! Aber das ist ganz normal.“ Mama klammerte sich an das Geländer. Sie war kalkweiß im Gesicht. Jonte zeigte auf eine große, weiße Kuppel. „Da ist die Bühne und gleich daneben der erste Spielplatz!“
Zurück am Boden, erholte Mama sich auf einer Liege von der Kletterpartie, und Papa leistete ihr Gesellschaft, während sich die Kinder auf dem Kletterspielplatz austobten. Die lange Rutsche und der Balancierbalken hatten es ihnen besonders angetan.
Irgendwann hielt Papa es vor Hunger nicht mehr aus. Auf der anderen Seite der Wiese waren viele kleine Mustergärten angelegt. Papa schlug vor, sich dort einen Platz für das Picknick zu suchen. Am besten gefiel ihnen der Garten mit dem klangvollen Namen *Quell des Lebens*. Inmitten eines Teiches war eine Sitzfläche eingelassen. Hier schmeckte das mitgebrachte Essen gleich doppelt gut.

Frisch gestärkt ging es dann weiter. Im *Blindengarten* tanzten sie auf dem *Tanzglockenspiel*, ertasteten den *Blindenbrunnen* und testeten ihre Nasen an den *Duftorgeln*. Mama verliebte sich in den *bäuerlichen Nutzgarten*. Hier wuchsen viele alte Gemüsearten, von denen sie noch nie etwas gehört hatte, zum Beispiel Postelein, Spargelerbse, Dicke Bohnen oder Topinambur. Die Kinder naschten Johannisbeeren und Mini-Tomaten.

Jonte hatte sich besonders auf das „Chaos“ gefreut, wie er es nannte. Es bestand aus drei Autoreifenschaukeln. Sofort setzten die Kinder sich auf die Reifen. Als Papa ihnen Schwung gab, tanzten die Reifen wild in der Luft. Lilly konnte sich vor Lachen kaum halten.

Später beobachteten sie wilde Tiere. Es gab einen begehbaren Bienenstand. Das war ein großer Kasten, den sie durch eine Tür betreten konnten. Hinter Glasscheiben hingen Bienenwaben, in denen die Honigsammlerinnen fleißig zugange waren. Gleich daneben zweigte der Weg zum Rhododendronwald ab, von dem Jonte behauptete, dass dort Dinos lebten. Und tatsächlich gab es dort Bäume, die aussahen wie gigantische Dinosaurier.

Während Mama und Papa sich den Garten mit den nachwachsenden Rohstoffen genauer ansahen, flitzten die Kinder zum Wasserspielplatz. Hier konnten sie nach Herzenslust Wasser pumpen, stauen und umleiten. Lilly saß auf einem Fahrrad und gab ordentlich Gas, sodass aus dem Rad eine Fontäne in den Teich schoss. Dann blies Papa zum Aufbruch. „Tut mir leid, dass es hier so langweilig war!“, sagte er zu Nikolas.

Nikolas grinste. „Meinetwegen können wir morgen gleich wiederkommen!“

Es war schon richtig dunkel, als sie im Auto saßen. Als sie an der Torfstation vorbeifuhren, buffte Jonte Nikolas in die Seite und zeigte nach draußen. Weit hinten war der Lichtkegel eines Fahrzeugs zu sehen. Nikolas hielt die Luft an.

„Ob das wieder der Pritschenwagen ist?“, flüsterte Lilly, die sich über Nikolas beugte, um besser sehen zu können.
Zu gern wären die Kinder sofort ins Moor gefahren, um nachzusehen, was dort passierte. Aber das hätten ihre Eltern nie zugelassen. Auch Jonte wurde von seinen Großeltern erwartet.
Nach ihrer Ankunft unterhielten sich die Eltern noch kurz mit Rosel und Herbert über den tollen *Park der Gärten*. Die Kinder nutzten diese Gelegenheit, um für den nächsten Tag Pläne zu schmieden.
„Wir müssen morgen unbedingt nachsehen, ob das wieder dieselben Reifenspuren sind!“, raunte Jonte den Geschwistern zu.
„Hoffentlich haben unsere Eltern keinen Tagesausflug geplant!“, gab Nikolas zu bedenken.
„Dann könnten wir nämlich nicht mit“, fügte Lilly hinzu.
„Psst!“, zischte Jonte ihnen als Antwort zu.
„Na, was habt ihr für Geheimnisse?“ Papa stand direkt neben ihnen.
Lilly und Nikolas wussten so schnell nicht, was sie antworten sollten. Zum Glück fragte Papa nicht weiter nach.
„Sehen wir dich morgen wieder?“, wollte er stattdessen von Jonte wissen.
„Wir machen mit deinem Opa eine Führung zur Torfstation.“
Jonte nickte heftig. „Bei den Führungen helfe ich immer!“
Die Kinder grinsten sich verschwörerisch an. Das passte ja prima!
„Da kann ich bestimmt noch Material für mein Moor-Projekt sammeln“, sagte Nikolas.
„Und hoffentlich auch noch Reifenspuren!“, flüsterte Lilly, nachdem Papa sich wieder zu Mama und zu Jontes Großeltern gesellt hatte.

WIE IN ALTEN ZEITEN

Da es am Vortag spät geworden war, schliefen sie am nächsten Morgen aus. Auch Jonte war noch nicht aufgetaucht.

„Vielleicht sollten wir heute Vormittag einfach ein wenig entspannen", schlug Papa vor. „Wir könnten zusammen Tischtennis spielen. Oder Wikingerschach. Ich glaube, ich habe das Spiel im Garten gesehen. Was meint ihr?"

Erwartungsvoll sah Papa seine Kinder an. Lilly konnte nicht antworten. Sie hatte gerade von ihrem Brötchen mit Schokoaufstrich abgebissen.

„Hm", murmelte Nikolas. Er war in Gedanken bei dem Licht, das sie am Abend vorher im Moor gesehen hatten. Zu welchem Auto es wohl gehört hatte? Ob der Pritschenwagen wieder da gewesen war?

„Du hast dich auch schon mal mehr gefreut", stellte Papa fest. „Alles in Ordnung?"

Nikolas nickte schnell. Er räumte das Frühstücksgeschirr in die Spülmaschine. „Wir sollten mit Papa eine Runde spielen", raunte er Lilly zu.

„Ja", stimmte sie zu. „Sonst wird er nur misstrauisch."

Während Mama es sich mit einer Zeitschrift auf der Gartenliege bequem machte, bauten die Kinder mit Papa das Wikingerschachspiel auf. Die Figuren standen gerade, da tauchte Jonte auf. So bildeten sie zwei Mannschaften. Lilly spielte mit Papa zusammen. Leider war Papa heute im Treffen alles andere als gut, und beide Spielrunden gingen an Nikolas und Jonte. Lilly hätte gerne noch ein Revanchespiel gemacht, aber da kam

Herbert in den Garten und zog alle Blicke auf sich. Er trug ein blau kariertes Hemd und eine schwarze, weite Wollhose. Die Hose wurde von breiten Hosenträgern gehalten. Seine Füße steckten in dicken Wollsocken und Holzschuhen. Jonte erklärte Familie Sonnenschein, dass sein Opa bei den Moorführungen die Kleidung trug, die die Torfstecher früher anhatten.

„Wie sieht's aus? Kommt ihr schon mit ins Moor und helft mir bei den Vorbereitungen?", fragte Herbert die Kinder und setzte sich einen Strohhut auf den Kopf.

„Können wir schon mitgehen? Bitte, bitte!", bettelte Lilly.

„Natürlich!", antwortete Papa. „Wir kommen dann pünktlich zur Führung nach."

„Ich muss noch schnell mein Notizbuch holen", rief Nikolas und düste ab. Und auch Jonte verschwand. Wenige Minuten später trafen sich die Kinder am Auto von Jontes Opa. Jonte hatte wieder seinen Rucksack dabei.

„Was willst du denn mit deiner Detektivausrüstung?“, fragte Herbert und stellte einen Weidenkorb in den Kofferraum.
„Opa!“, entrüstete sich Jonte. „Wie oft soll ich dir das noch erklären! Das ist keine Detektivausrüstung, das ist meine Ausrüstung für die Spurensicherung!“
Herbert schob seinen Strohhut in den Nacken und grinste. „Willst du den Mord an unserer Moorleiche aufklären?“
Jonte warf ihm einen bösen Blick zu. „Ich will Lilly und Nikolas zeigen, wie man eine Spur sichert. Von einem Reh oder so.“
„Na, dann steigt mal ein!“

Im Moor angekommen, halfen die Kinder Herbert, alle benötigten Sachen aus der Hütte zu tragen: eine hölzerne Schubkarre und viele Geräte, die man zum Torfstechen brauchte.
„Wir müssen uns unbedingt noch abseilen und nach den Spuren suchen, bevor die Führung anfängt!“, flüsterte Jonte Lilly und Nikolas zu.
„Ist es nicht einfacher, nach den Spuren zu suchen, wenn die Führung schon angefangen hat? Dann achtet niemand mehr auf uns“, wendete Nikolas ein.
Jonte schüttelte den Kopf. „Bloß nicht! Wenn die Touristen erst mit ihren Autos auf den Feldweg fahren, dann machen sie alle Spuren kaputt.“
Die Kinder hatten Glück. Zwei Urlauber kamen mit dem Fahrrad und verwickelten Jontes Opa in ein Gespräch. Jonte schnappte sich seinen Rucksack, und dann flitzten die drei los.
„Lasst uns direkt vor dem Tor zum Abbaugebiet gucken“, meinte Jonte. „Das Fahrzeug, das wir hier im Dunkeln gesehen haben, muss ja durch das Tor gefahren sein.“ Am Tor mussten die Kinder nicht lange suchen.
Da der Boden feucht war, waren die Reifenspuren gut zu erkennen.

„Es sind wieder schmalere Spuren. Keine von so einem großen Schlepper, aber definitiv von einem Auto!“ Nikolas’ Stimme quietschte vor Aufregung. Jonte kniete sich hin. „Ich glaube, die sehen genauso aus wie die neulich. Ihr müsst unbedingt aufpassen, dass mein Opa nicht mitkriegt, was ich hier mache.“

Jonte kramte in seinem Rucksack und holte alles hervor, was er für einen Gipsabdruck benötigte. Lilly und Nikolas gingen zurück zu Herbert. Die Touristen saßen nun auf der Bank und tranken Kaffee aus einer Thermoskanne. Nikolas versuchte, Opa Herbert in ein Gespräch zu verwickeln. Er erzählte ihm von seinem Moor-Projekt für den Wettbewerb. Dabei schielte er immer wieder zu Jonte, um zu sehen, wie weit er war. Nach und nach kamen immer mehr Urlauber, die an der Führung teilnehmen wollten, und auch Mama und Papa stießen zu ihnen. Zum Glück kamen fast alle Gäste mit dem Fahrrad. Nur ein Auto kam, und das parkte direkt an der Straße, sodass Jonte ungestört arbeiten konnte. Als Herbert mit der Moorführung anfing, stand er plötzlich wieder neben den Geschwistern.

DIE MOORFÜHRUNG

Zu Beginn der Führung versammelten sich alle an der Informationstafel. Herbert stellte sich kurz vor und erzählte dann etwas über die Pflanzen, die im Moor wachsen und auf der Tafel abgebildet waren. Beim Erzählen rutschte er immer wieder ins Plattdeutsche ab. Lilly und Nikolas konnten sich ein Grinsen nicht verkneifen. Jonte flüsterte ihnen zu, dass das Plattdeutsch bei den Urlaubern immer besonders gut ankommt.

Herbert erläuterte ihnen, wofür die Pflanzen früher verwendet wurden. So zeigte er ihnen einen Böhner. Das war eine kleine Bürste aus den Zweigen der Besenheide, mit der man früher Kochtöpfe und Milchkannen ausgescheuert hat. Mit dem Pfeifengras haben die Menschen damals ihre Pfeifen gereinigt oder Pflanzen angebunden. Und Herbert räumte mit einem Irrtum auf: Die weißen Puschel des Wollgrases sind nicht die Blüten der Pflanze, sondern ihre Früchte. Und mit diesen Puscheln haben die Menschen früher ihre Kopfkissen ausgestopft.

Einen Sonnentau gab es auch zu bestaunen. Den hatte Jontes Opa extra mitgebracht. Lilly und Nikolas wussten ja schon aus dem Museum in Elisabethfehn, wie winzig diese fleischfressende Pflanze ist. Dass der Sonnentau aber keine richtigen Wurzeln hat, war auch für sie neu.

Dann gingen sie weiter zu der Grube, wo Torf gestochen wurde. Herbert berichtete, dass früher jedes Jahr im Mai der Schwarztorf gestochen wurde. Jeder Haushalt brauchte 8.000 bis 10.000 Soden zum Kochen und Heizen. Erst wurde jede einzelne Sode zum Trocknen ausgelegt.

Sechs Wochen später wurden sie geringt – so nannte man das, wenn die Soden zu den Türmchen aufgebaut wurden, die rings um die Grube standen. Nach weiteren sechs Wochen wurden die Soden zu Mieten gesetzt. Das waren dann schon richtig große Türme. Ende September war der Torf dann so trocken, dass er eingefahren werden konnte.

Nun wurde es richtig spannend: Jontes Opa zeigte, wie fachmännisch Torf gestochen wurde. Mit einem langen, breiten Spaten, der Sticker heißt, wurden die Torfstücke erst von oben abgestochen. Dann mussten die Stücke mit einem langen Spaten, der Eenkrieger heißt, von unten abgestochen werden. Mit diesem Eenkrieger wurden die Torfstücke dann nach oben auf den Rand gelegt.

Nikolas hatte riesiges Glück: Er durfte selbst ausprobieren, wie das Stechen funktioniert. Er musste sich ganz schön anstrengen, um die Torfsode auf den Rand der Grube zu wuchten.

Jetzt zog Herbert ein weißes Taschentuch aus seiner Hosentasche und band es oben an den Griff des Spatens. „Wenn ein weißes Schnupftuch am Spaten wehte, dann wussten alle anderen Torfstecher: Hier gibt es einen Schluck!“

„Einen Schluck?“, fragte Lilly irritiert.

„So nennen wir unseren Schnaps", erklärte Jonte. Er nahm von seinem Opa den Weidenkorb entgegen und verteilte an jeden Besucher einen Löffel.

„Was ihr da jetzt in der Hand haltet, das ist ein ganz besonderer Löffel. Das ist ein Zinnlöffel, aus dem wir den Ammerländer Löffeltrunk trinken! Ihr müsst ihn in der linken Hand halten", gab Herbert vor. „Sollte euch jemand angreifen, könnt ihr euch mit rechts immer noch verteidigen."

Lilly blickte auf den Löffel in ihrer Hand. Er sah wirklich ganz besonders aus. Der Stiel war lang und dünn, und die Vertiefung des Löffels war nicht oval wie bei einem normalen Löffel, sondern kreisrund. Ein kleines Schälchen am Stiel, fand Lilly.

Herbert ging herum und goss jedem etwas aus einer Tonflasche auf den Löffel. Lilly starrte auf die Flüssigkeit. Sie hatte noch nie Alkohol getrunken und wusste, dass der für Kinder sehr schädlich ist. Jonte bemerkte ihr Zögern und flüsterte: „Kannst du ruhig trinken. Das ist nur Leitungswasser!"

„Zum Löffeltrunk gehört unser Trinkspruch", führte Herbert weiter aus. „Der Wirt fängt mit dem Spruch an und dann antwortet der Gast. Jonte, machst du den Gast?"

Jonte nickte.

„Ick seh Di."

„Dat freit mi."

„Ick sup Di to."

„Dat do."

Nun nickten sich Herbert und Jonte zu und tranken aus ihren Löffeln.

„Ick heb Di tosapen."

„Hest'n rechten drapen."

„So hebb wi't immer dahn."

„So schall't ok wietergahn."

Nikolas und Lilly staunten, dass Jonte Plattdeutsch sprechen konnte.

Herbert erzählte, dass im Moor früher nur Buchweizen angebaut werden konnte und dass deshalb ganz oft Buchweizenpfannkuchen auf den Tisch kamen. Und wenn die Tochter sonntags von einem jungen Burschen Besuch bekam, wurden ebenfalls Buchweizenpfannkuchen gebacken. Hatte der junge Mann in seinem Pfannkuchen nur zwei Stücke Speck, dann wusste er, dass das Mädchen ihn nicht mochte und er nicht wiederkommen musste.

Bei dem Wort Speck verzog Nikolas angeekelt das Gesicht. „Ich glaube, ich wäre froh gewesen, wenn ich davon nur zwei Stücke hätte essen müssen."

Zum Abschluss der Führung wanderten sie noch ein Stück durch den Wald bis zu der Stelle, an der damals die Moorleiche gefunden worden war.

Zurück auf dem Ferienhof, zogen die Kinder sich in den hintersten Winkel des Gartens zurück.

„Seht ihr? Die sehen beide ganz genau gleich aus!" Jonte hatte beide Reifenabdrücke nebeneinandergelegt.

Nikolas kaute vor Aufregung auf der Unterlippe. „Ob die wirklich von dem Pritschenwagen stammen?"

„Ich wüsste zu gerne, wem das Auto gehört und was die dort abladen!" Jonte drehte die Abgüsse in seiner Hand.

„Und warum kommen die immer nur nachts?", überlegte Lilly. „Die müssen doch etwas zu verbergen haben!"

„Wir müssen uns unbedingt heute Nacht auf die Lauer legen!" Nikolas war aufgesprungen.

Doch aus dem Plan wurde nichts. Mama wartete mit einer Überraschung auf: Sie hatte vier Karten für das *Theater Laboratorium* in Oldenburg ergattert.

„Da haben wir wirklich sehr viel Glück gehabt!“, erklärte sie den Kindern. „Die Stücke sind normalerweise Monate im Voraus ausverkauft.“
„Und was ist an dem Theater so besonders?“, fragte Papa.
„Das Theatergebäude ist eine ehemalige Turnhalle. Das Besondere ist aber, dass richtig große Puppen mitspielen. Das Stück heißt „Vom Fischer und seiner Frau“. Es handelt von einem armen Fischer, der eines Tages einen großen Butt fängt. Dieser Fisch kann sprechen und behauptet, dass er ein verwunschener Prinz sei. Daraufhin lässt der Fischer den Butt wieder frei, was seiner Frau gar nicht passt. Sie meint, dass ihr Mann bei dem Tier einen Wunsch frei gehabt hätte. So schickt sie ihren Mann zum Butt, damit er sich ein schönes Haus wünscht. Als das tatsächlich klappt, hat die Frau jeden Tag größere Wünsche an den Butt. Ich bin schon sehr gespannt auf das Stück!“

Von außen sah das Theater gar nicht nach Theater aus. Auch innen war alles sehr ungewohnt. Im Eingangsbereich gab es ein Café. Hier saßen die Besucher vor der Vorstellung und tranken noch etwas. Erst kurz bevor die Vorstellung anfing, durfte man in den Zuschauerraum. Und dann ging es auch schon los. Es gab nur einen einzigen Schauspieler. Er spielte den Fischer und gleichzeitig eine Handpuppe, die ein riesiger Fisch war.
„War das ein tolles Stück!“, sagte Lilly hinterher mit glänzenden Augen.
„Ich habe so gelacht!“, stimmte ihr Bruder zu.
„Nun weiß ich, warum man so schwer Karten bekommt!“, fügte Papa hinzu. „Das war eines der tollsten Stücke, das ich jemals gesehen habe!“
„Man hat glatt vergessen, dass der Fisch nur eine Puppe war!“, stimmte Mama den anderen zu.

MOORLEICHEN UND STEINZEITKÜCHE

„So ein blödes Wetter!", schimpfte Nikolas und schaute aus dem Fenster. Regen klatschte gegen die Scheibe, und draußen sah alles nass und grau aus.

„Wir werden vor Langeweile sterben!", murrte Lilly.

Mama lachte. „Das glaube ich kaum!"

Papa nickte zustimmend. „Heute wird es besonders spannend!"

„Erzähl schon! Was habt ihr für heute geplant?" Nikolas stand vor Papa und sah ihn neugierig an. Auch Lilly hatte ihre Ohren gespitzt.

Papa schmunzelte und nahm einen Schluck Kaffee aus seinem Becher, um es spannend zu machen. Dann stellte er ihn auf den Küchentisch. „Ihr wolltet euch doch gerne die Moorleichen ansehen. Deswegen haben wir heute einen Besuch im *Landesmuseum Natur und Mensch* in Oldenburg geplant."

„Juchuh!", schrie Nikolas und führte einen Freudentanz auf.

Auch über Lillys Gesicht huschte ein Lächeln, obwohl sie bei dem Gedanken an Leichen ein komisches Gefühl in der Magengegend hatte.

„Vielleicht hat Jonte ja Lust, uns zu begleiten?", schlug Mama vor.

Nikolas seufzte. „Lust bestimmt schon, aber er ist das ganze Wochenende nicht da."

„Er musste zu einem Familienfest nach Hamburg und kommt erst morgen Nachmittag zurück", fügte Lilly hinzu.

An der Museumskasse rief Mama die Kinder zu sich. „Hier wird heute der Workshop ‚Steinzeitküche für Kinder' angeboten. Habt ihr Lust?"
Lilly strahlte über das ganze Gesicht. „Oh ja!"
Nikolas guckte skeptisch. „Haben wir trotzdem genug Zeit, um uns die Moorleichen anzusehen?"
„Das schafft ihr sogar noch vorher", meinte die Museumsmitarbeiterin. „Den Raum mit den Moorleichen findet ihr gleich da vorne!"
Mit Kribbeln im Bauch betraten Lilly und Nikolas den Raum. Mitten im Saal gab es eine riesige Torfwand. Selbst wenn Papa Nikolas auf seine Schultern genommen hätte, hätte der Junge nicht darüber schauen können. In der Wand konnte man die einzelnen Schichten im Moor erkennen: oben den

helleren Weißtorf und unten den dunklen Schwarztorf. Ganz oben auf dem Torfblock konnten die Kinder Pflanzen und Tiere aus dem Moor sehen.
„Kommt mal auf die andere Seite!", rief Mama, die vorgegangen war. Auf dieser Seite waren in der Torfwand zwei Fenster eingelassen. In beiden Fenstern lag jeweils eine Moorleiche.
„Und welche ist nun der ‚Junge von Kayhausen'?" Neugierig stand Nikolas vor der ersten Leiche.

„Ich fürchte, keine von beiden“, meinte Papa, der sich die Informationen durchgelesen hatte. „Dies ist die ‚Moorleiche von Husbäke‘, und da vorne liegt die ‚Moorleiche von Jührdenerfeld‘.“

„Die aus Husbäke ist ja wahnsinnig gut erhalten!“, stellte Mama fest und betrachtete die Überreste.

Papa hatte einen Bildschirm entdeckt. „Guckt mal, hier wird gezeigt, wie die Leiche aus Husbäke untersucht wurde. Man hat sogar versucht, das Gesicht zu rekonstruieren!“

„Wie haben die das denn gemacht?“ Nikolas stand vor dem Monitor und kaute vor Aufregung auf der Unterlippe.

„Erst hat man die Moorleiche im Krankenhaus genau untersucht. Die Wissenschaftler und Ärzte haben eine Computertomografie durchgeführt. Das ist ein spezielles Röntgenverfahren, das ganz viele Querschnittsbilder vom Kopf angefertigt hat. Aus denen hat man dann das Gesicht nachgeformt“, erklärte Papa. „Ist das nicht irre?“

Nikolas Kopf pendelte zwischen der ausgestellten Moorleiche und dem rekonstruierten Gesicht hin und her. „Da ist denen aber ein krasser Fehler unterlaufen!“

Papa sah ihn verdattert an. „Wieso?“

„Nikolas hat recht!“, sagte Lilly. „Guckt euch nur mal die Haare an! Die Moorleiche hat eindeutig feuerrote Haare, und der Mann da auf dem Bild hat schwarze Haare!“

„Ja und nein.“ Mama war zu ihnen getreten. „Die Moorleiche hier hat zwar rote Haare, aber die waren nicht immer so rot. Ursprünglich waren sie mal schwarz. Die chemische Zusammensetzung des Moores sorgt dafür, dass sich das Haar rot färbt.“

„Genauso ist es“, stimmte Papa Mama zu. „Deswegen haben alle Moorleichen rote Haare.“

„Schade, dass wir uns nicht den Jungen aus dem *Kayhauser Moor* ansehen können“, bedauerte Nikolas.

„Der wird leider im Archiv verwahrt“, sagte Mama. „Aber da vorne hängt ein Röntgenbild des Jungen und daneben die Reste seines Pelzumhangs.“

Die Kinder besahen sich noch die anderen Fundstücke, die im Saal ausgestellt waren. Es gab Teile des Bohlenweges aus dem *Wittemoor* und auch die originalen Kultfiguren, die sie dort als Nachbauten gesehen hatten. Lilly fand den Schmuck besonders schön, und Mama begeisterte sich für die ausgestellten Schuhe. Papa bestaunte zusammen mit Nikolas Scheibenräder von Ochsenkarren. So verging die Zeit wie im Fluge, und Lilly und Nikolas kamen gerade noch pünktlich zu ihrem Workshop.

Der Mitarbeiter, der den Workshop leitete, stellte sich als Hannes vor. Bevor es losging, wollte Hannes ihnen etwas Besonderes zeigen. Sie liefen

einmal quer durch das Museum und machten dann in einem Raum halt, in dem eine kleine Luke in den Boden eingelassen war.

Neugierig scharten sich Lilly, Nikolas und die anderen Kinder um ihn. Hannes öffnete vorsichtig die Klappe und hob einen merkwürdigen Gegenstand heraus. Er war länglich, braun und etwas größer als die Handfläche von Hannes. Oben hatte er große Einkerbungen. Hannes ließ die Kinder raten, was das sein könnte, aber niemand kam darauf.

„Es ist ein Mammutzahn!", erklärte Hannes. „Mammuts hatten nur vier Backenzähne, und das ist einer davon!"

Vorsichtig verstaute er den Zahn wieder, und dann ging es nach draußen. Unter einem Unterstand konnten die Kinder kreativ werden. Hannes vermittelte ihnen, dass in der Steinzeit das Messer ein wichtiges Werkzeug war und auf jeden Fall zum Kochen gebraucht wurde. Deswegen durfte sich jedes Kind ein Messer herstellen. Dafür mussten sie eine Klinge aus Feuerstein in einen Holzgriff einpassen. Das war gar nicht so einfach und dauerte ziemlich lange.

Als endlich jedes Kind sein Messer fertiggestellt hatte, schnitten sie damit Äpfel und Möhren. Lilly staunte, wie einfach das wiederum ging. Nikolas durfte mit einem anderen Jungen Dinkelkörner auf einem Mahlstein zu Mehl mahlen. In der Zwischenzeit machte Hannes Feuer in einem Tonofen. Das gemahlene Mehl wurde dann zusammen mit den Äpfeln, Möhren und etwas Wasser zu einem Teig vermengt. Die Kinder formten daraus Fladen, die Hannes in den Ofen schob. Schon bald duftete es köstlich. Die fertigen Fladenbrote schmeckten sehr lecker und machten schnell satt. Auch Mama und Papa bekamen etwas davon ab. Stolz zeigten Lilly und Nikolas ihnen ihre Messer, die sie mit nach Hause nehmen durften.

EIN SCHWAN UND EINE GEHEIMNISVOLLE SCHATULLE

Nach dem Museumsbesuch wollte die Familie ein wenig durch die Fußgängerzone bummeln. Als sie die *Mühlenhunte* überquerten, entdeckten die Kinder einen Bootsverleih.

„Guck mal, Mama! Da gibt es einen Schwan als Tretboot! Ich würde so gerne damit fahren. Geht das?“ Zuckersüß blickte Lilly zwischen Mama und Papa hin und her. Die Eltern willigten ein.

Eigentlich wollte Papa ein Tretboot für vier Personen ausleihen, aber Lilly wollte unbedingt mit dem Schwan fahren, der jedoch nur für zwei Personen gedacht war. So liehen sich die Eltern eine Ente und lieferten sich anschließend mit den Kindern ein Rennen „Ente gegen Schwan“. Der Schwan gewann natürlich. Aber nur, weil Mama vor Lachen nicht treten konnte, behauptete Papa.

Auf dem Weg in die Fußgängerzone mussten sie den *Schlossplatz* überqueren. Hier fand der *Schlossfloh* statt. Da Mama Flohmärkte über alles liebte, wollte sie sich dort ein wenig umsehen. Papa wollte lieber irgendwo einen Kaffee trinken. So stürzten sich Mama, Lilly und Nikolas allein ins Getümmel.

„Guck mal, was ich mir gekauft habe!“ Nikolas streckte Papa, der wieder zu ihnen gestoßen war, ein Asterix-Heft entgegen.

Papa runzelte die Stirn. „Haben wir das nicht schon?“

Nikolas nickte freudig. „Das ist ja das Tolle daran! Dieses Exemplar ist auf Plattdeutsch. So habe ich eine schöne Urlaubserinnerung und kann nebenbei die Sprache lernen!"

Papa schmunzelte. „Und du, hast du auch schon etwas gefunden?", erkundigte er sich bei Lilly.

Lilly hielt eine Holzbox mit Goldverzierungen in der Hand. Die Kiste war etwas größer als eine Postkarte. Oben auf dem Deckel war ein Anker aus Gold aufgeprägt. „Die gefällt mir total gut, aber leider gibt es keinen Schlüssel mehr zu dem Schloss." Lilly tippte mit dem Finger auf ein kleines Vorhängeschloss.

Papa nahm ihr den Kasten aus der Hand und begutachtete es. „Das kann ich zu Hause ganz leicht mit meinem Werkzeug knacken. Dann kaufen wir dafür einfach ein neues Schloss."

„Hör mal, da ist irgendetwas drin!" Sie hielt die Kiste dicht an Nikolas' Ohr und schüttelte sie kräftig. „Was das wohl ist?"

„Klingt ein wenig so, als wenn ich den Pappkarton mit unserem Uno-Spiel schütteln würde", fand ihr Bruder.

Den Rest des Tages verbrachten sie auf dem Ferienhof. Lilly kam dazu, ihr Buch zu lesen, und Nikolas arbeitete an seiner Moor-Reportage. Zwischendurch überlegten sie gemeinsam, wie sie herausbekommen könnten, wer sich nachts im Moor herumtreibt. Zu gern wären sie noch einmal dorthin gefahren, aber leider regnete es schon wieder.

MELKEN UND BUTTERN IM *MUSEUMSDORF CLOPPENBURG*

Für den nächsten Tag hatte Mama einen Tagesausflug ins *Museumsdorf Cloppenburg* geplant. Vom Parkplatz bis zum Eingang des Museums mussten sie ein kleines Stück laufen. Dabei kamen sie an einer Ausstellungshalle vorbei, vor der ein großer Pflug stand. Papa erklärte ihnen, dass das ein Tiefpflug war. Damit wurden früher die Moore umgepflügt, um das Land fruchtbar zu machen. Dabei wurde der Moorboden mit dem Sand vermischt, der sich unter der Torfschicht befand. Ganze 1,80 Meter tief konnte eine Maschine pflügen. So tief, wie Papa groß ist!

Kurz vor der Scheune mit dem Eingangsbereich stutzten die Kinder: Hier stand ein goldener Bilderrahmen ohne Bild.

„Hat jemand das Bild geklaut?", fragte Lilly.

Mama lachte. „Nein, denn das Bild sind wir! Stellt euch mal hinter den Rahmen, dann kann ich ein schönes Bild mit Windmühle im Hintergrund von euch machen!" Papa machte etliche Fotos von ihnen und bat sogar andere Besucher um Hilfe, damit auch er mit auf das Bild kam.

An der Kasse erstand Mama noch einen Fragebogen für eine Museumsrallye und das Heft „Entdeckerpfad: Mit Jan und Marie durchs Museumsdorf". Dort erfuhren sie auch, dass es auf dem *Hof Meyer* an diesem Tag ein Mitmach-Angebot für Kinder gab. „Sonntags gibt es gute Butter" stand auf dem Programm. Da bis zu Beginn dieser Aktion noch Zeit war, gingen sie erstmal mit der Rallye auf Entdeckungstour.

Sie bestaunten die alten Häuser, warfen einen Blick in die winzige Dorfschule und sahen der Spinnerin zu, wie sie aus einer Handvoll Schafwolle einen Faden spann.

Als sie den Hof mit der Spinnerei wieder verließen, steckte Papa seine Nase in den Wind. „Hier riecht es doch nach Kuchen!" Er marschierte

schnurstracks auf ein reetgedecktes Häuschen zu. Davor standen mehrere Bänke, auf denen Gäste mit dampfenden Kaffeebechern und Kuchenstücken saßen.

Während Mama einen Platz suchte, gingen die Geschwister mit Papa in die Backstube. Innen war es recht schummrig, trotzdem konnten Lilly und Nikolas den riesigen Lehmbackofen im hinteren Teil des Raumes gut erkennen. Papa kaufte zwei Becher Kaffee, Apfelsaft für die Kinder, ein großes Stück Butterkuchen, das er gleich in vier Stücke schneiden ließ, und eine Tüte mit Rosinenzwieback. Dann ließen sie es sich draußen schmecken. Lilly konnte sich nicht entscheiden, ob der Kuchen oder der Zwieback leckerer war.

Frisch gestärkt, suchten sie den *Hof Meyer*. Dort wurden sie von der Museumsmitarbeiterin Dörte freudig begrüßt. Bevor es ans Buttermachen ging, musste aber noch eine Holzkuh gemolken werden. Das war nicht so einfach, wie es aussah. Nikolas musste sich sehr abmühen, um überhaupt einen Tropfen aus dem Euter zu bekommen.

Dörte erklärte ihnen, dass die frisch gemolkene Milch früher für einige Tage kühl gestellt wurde. In dieser Zeit setzte sich oben der Rahm ab, den man mit einem Löffel abnehmen konnte. Aus dieser Sahne, so nannte Dörte den Rahm, wurde dann Butter gemacht.

Nun bekamen Lilly und Nikolas ein kleines Butterfass, in das Dörte ein wenig Sahne gab. Dann durften sie die Sahne mit dem Stößel stampfen, bis sie zu fester Butter wurde. Stolz präsentierten die Geschwister anschließend den Eltern ihre Butter, die sie mitnehmen durften.

Bevor es wieder zum Ferienhof ging, kehrten sie noch im *Museumskrug* ein. Während die Eltern nach dem Essen die Sonne genossen, tobten Lilly und Nikolas sich auf dem Spielplatz daneben aus.

WAS FÜR EINE ENTTÄUSCHUNG!

Als sie auf dem Ferienhof ankamen, wartete Jonte schon auf sie. Die drei Kinder verkrümelten sich sofort.

„Ich muss euch was erzählen!" Jonte blickte von Nikolas zu Lilly. „Ihr werdet es nicht glauben!"

„Nun sag schon!" Nikolas kaute auf seiner Unterlippe herum.

„Ich war vorgestern Abend, als ihr im Theater wart, noch einmal im Moor. Als es schon dunkel war."

Lilly riss die Augen weit auf. „Ganz alleine?"

Jonte nickte. „Das war schon ein bisschen gruselig."

„Und?" Nikolas hielt es kaum noch aus.

„Der Pritschenwagen war wieder da. Erst dachte ich, ich hätte Pech. Da war alles still und dunkel. Doch gerade, als ich wieder los wollte, kam er angefahren. Die sind echt auf das verbotene Abbaugelände gefahren! Leider war es viel zu dunkel, um richtig was zu erkennen, aber ich habe ja gute Ohren!"

„Nun sag schon!", flehte Lilly.

„Sie haben irgendetwas ins Moor geschüttet!"

„Ich wüsste zu gerne, was sie da entsorgt haben", überlegte Nikolas.

Jonte nickte. „Frag mich mal! Ich zermartere mir schon die ganze Zeit das Hirn, wie wir das rauskriegen. Ich habe Opa gegenüber Andeutungen gemacht, aber der hat nur gelacht und meinte, dass ich es mit dem Polizeispielen übertreibe." Jonte seufzte.

Dann blickte er auf den Kasten in Lillys Hand. „Und was hast du da?“
Lilly erzählte, dass sie die Schatulle auf dem Flohmarkt gekauft hat. „Wenn wir wieder in Berlin sind, kann mein Papa das Schloss knacken. Ich bin schon so gespannt, was da drin ist! Ganz leer ist sie auf jeden Fall nicht. Hör mal!“ Lilly schüttelte die Kiste vorsichtig. „Ob da etwas Wertvolles drin ist?“
„Vom Geräusch her könnten es Geldscheine sein“, überlegte Nikolas, „oder eine Schatzkarte!“
Jonte nahm die Kiste und ruckelte an dem Schloss. „Das kann mein Opa bestimmt knacken!“
Lillys Augen glänzten. „Meinst du, er könnte das sofort machen?“
Die drei Kinder flitzten über den Hof und suchten Herbert. Er war damit beschäftigt, die Kutsche anzuspannen. Jontes Opa warf einen kurzen Blick auf das Schloss. „Das ist gar kein Problem. Aber ihr müsst warten, bis ich zurück bin. Ein paar Gäste haben eine Kutschfahrt gebucht.“

Als Jontes Opa nach einer Stunde wiederkam, flitzten die Kinder sofort zu ihm. Sie halfen, das Pferd zu versorgen, und dann war es endlich so weit: Herbert ging mit ihnen in die Werkstatt. Er griff nach einer Zange und mit einem lauten „Knack“ hatte er das Schloss geknackt. Herbert reichte Lilly das Kästchen, und die Kinder rannten damit in den hintersten Winkel des Gartens. Was wohl darin war? Lilly entfernte vorsichtig das Schloss und öffnete den Deckel. Als sie den Inhalt erblickte, machte sie ein langes Gesicht. Nun warfen auch Nikolas und Jonte einen Blick auf die Kiste.
„Nur Fotos?“, fragte Nikolas und konnte seine Enttäuschung nicht verbergen.
Lilly schluckte. „Und ich dachte, ich hätte einen echten Schatz gefunden!“

Herbert hatte wieder ein Feuer im Feuerkorb entzündet, und die Kinder rösteten Marshmallows.

„Was war denn drin?", fragte Papa und zeigte auf das Kästchen. Er setzte sich zu den Kindern.

„Nur so blöde Fotos", antwortete Lilly und reichte ihm die Kiste.

Papa nahm den Stapel heraus und sah sich die Bilder an. „Das sind ja alles Schwarz-Weiß-Fotos", stellte er fest. „Die müssen schon ganz schön alt sein. Solch einen weißen Zackenrand gibt es schon lange nicht mehr. Ein paar Gebäude erkenne ich aber wieder!"

Nun beugten sich auch die drei Kinder über die Fotos.

„Das ist der *Lappan* in Oldenburg", rief Nikolas.

Jonte tippte mit dem Zeigefinger auf ein weiteres Foto. „Das ist die Mühle im *Freilichtmuseum* in Bad Zwischenahn. Und dies ist die *St.-Johannes-Kirche*!" Er zeigte auf ein weiteres Foto. „Aber wieso ist da ein Foto von einer Tankstelle dabei?"

Herbert kam hinzu und sah sich die Fotos ebenfalls an. „Dat gifft dat doch nich!" Er nahm das Foto von der Tankstelle, und ein Strahlen ging über sein Gesicht.

„Was gibt es nicht?", fragte Jonte und stellte sich auf die Zehenspitzen, um einen Blick auf das Bild werfen zu können.

„Das ist die alte Tankstelle von Fiet Janßen", erklärte Opa. „Die gibt es schon lange nicht mehr. Ich glaube, da steht jetzt ein Supermarkt. Das war die erste Tankstelle in Bad Zwischenahn. Da habe ich als junger Bursche immer mein Motorrad vollgetankt. Die Tankstelle war damals ganz modern. Es war eine Gasolin-Tankstelle. Das ganze Gebäude war von außen orange gefliest."

Jonte buffte Nikolas mehrmals in die Seite, doch der sah ihn nur mürrisch an. Dann fragte der Junge seinen Opa nach allen Regeln der Kunst über die Tankstelle aus. Er wollte genau wissen, wo sie einmal gestanden hatte. Lilly und Nikolas verstanden nicht, warum Jonte so ein Interesse an der langweiligen Tankstelle hatte.

„Habt ihr es nicht gerafft?“, fragte Jonte aufgeregt. Die Kinder hatten sich an den Teich zurückgezogen. „Gasolin und orangefarbene Fliesen. Klingelt es bei euch immer noch nicht?“
„Du meinst...“ Lilly hielt den Atem an und blickte auf das Foto in ihrer Hand.
„Genau!“, rief der Junge. „Die Fliesen, die wir gefunden haben, gehören zu dieser Tankstelle!“ Jonte eilte los und holte einen großen Pappkarton, in dem er alle Spuren zu dem Fall aufbewahrte. Die Kinder puzzelten noch einmal die Fliesenstücke zusammen und verglichen sie dann mit dem Foto.
Nikolas pfiff durch die Zähne. „Du hast tatsächlich recht!“
„Aber dein Opa hat doch gesagt, dass es diese Tankstelle schon lange nicht mehr gibt“, warf Lilly ein. „Wie kommen denn jetzt noch Fliesen von der ins Moor?“
„Das kriegen wir morgen raus! Wir fahren da hin und sehen uns vor Ort um!“, bestimmte Jonte.

HEIMLICHE BEOBACHTUNGEN UND LANDERLEBNISSE

„Ich habe mir genau angesehen, wo diese Tankstelle mal gewesen ist“, verkündete Jonte und setzte seinen Rucksack auf. Dann gab er die Adresse in das Handy ein. Die Kinder radelten los. Sie mussten sich ein wenig beeilen, weil die Eltern beabsichtigten, um 11 Uhr zu einem Ausflug aufzubrechen.

Am Zielpunkt bremste Jonte scharf. Sie standen vor einem hohen Bauzaun. Die Einfahrt war von einem Gitterelement versperrt, durch das sie auf die Baustelle blicken konnten. Ein großes Schild verkündete, dass an dieser Stelle ein Wellnesshotel geplant war.

„Hier muss die Tankstelle gestanden haben“, stellte Jonte fest.

„Den Supermarkt scheint es mittlerweile auch nicht mehr zu geben“, ergänzte Lilly.

Nikolas stieß Jonte in die Seite. „Sieh doch bloß!“ Er zeigte auf eine Reihe Baucontainer. Hinter dem letzten Container war die Ladefläche eines gelben Fahrzeugs zu sehen.

„Der Pritschenwagen!“, sagte Jonte andächtig und pfiff durch die Zähne.

„Und es stehen sogar Säcke auf der Ladefläche!“, stellte Lilly fest und reckte den Hals, um besser sehen zu können.

„Wir müssen unbedingt herausfinden, was da drin ist!“ Nikolas war total aufgeregt.

„Ich gehe nachsehen!“, sagte Jonte und hob schon die Absperrung aus ihrer Verankerung. „Ihr wartet hier!“

Bevor die Geschwister widersprechen konnten, quetschte sich Jonte durch einen Spalt und rannte in gebückter Haltung zum Wagen. Er hatte ein wenig Mühe, die Ladefläche zu erklimmen, aber dann war er endlich oben. Drei große, weiße Säcke standen dort. Die Geschwister konnten sehen, wie Jonte einen nach dem anderen inspizierte. Dann sprang er von der Ladefläche, nahm seinen Rucksack ab und kroch unter das Auto.

„Was macht er da?", fragte Nikolas.

„Hoffentlich baut er keinen Mist!" Lillys Stimme zitterte.

Ihr Freund holte ein paar Dinge aus seinem Rucksack.

„Jonte ist genial!", sagte Nikolas anerkennend.

Jetzt sah auch Lilly, dass Jonte einen Gipsabdruck von der Reifenspur nahm. Dann schlich er zum Heck des Fahrzeugs.

„Was macht er jetzt?", wollte Lilly wissen.

„Das kann ich auch nicht erkennen", antwortete Nikolas.

Jonte tat gar nichts Spannendes, er kauerte sich einfach wieder unter das Fahrzeug und wartete, bis der Gips getrocknet war. Dann verstaute er ihn in seinem Rucksack und kroch wieder unter dem Auto hervor.

„Ey! Was machst du da?" Ein Bauarbeiter in einem blauen Overall packte Jonte am Oberarm. Der Junge riss sich los und rannte, so schnell er konnte, zu Lilly und Nikolas. Er sprang auf sein Rad und schrie: „Bloß weg hier!"

Eine Straßenecke weiter hielt Jonte an. Er rang nach Luft. „Das war knapp! Aber seht mal, was ich hier habe!" Er hielt den Geschwistern das Handy unter die Nase. Er hatte ein Foto vom Autokennzeichen gemacht!

„Du bist ein Genie!" Anerkennend klopfte Nikolas ihm auf die Schulter.

„Und in meinem Rucksack ist der Reifenabdruck vom Profil des Pritschenwagens!" Stolz klopfte Jonte auf den Rucksack. „Zu Hause können wir vergleichen, ob es dasselbe Profil ist wie aus dem Moor."

„Was war eigentlich in den Säcken drin?“, hakte Lilly nach.
„Das war leider enttäuschend. Da ist nur Erde drin. Aber vielleicht hatten die neulich ja etwas anderes geladen.“
Lilly schaute auf die Uhr. „Mist! Mama und Papa warten bestimmt schon auf uns!“

Lilly sollte recht behalten. „Wo bleibt ihr denn?“, rief Mama gleich, als sie auf den Hof geradelt kamen. „Jetzt aber fix, wir wollen doch los!“ Bevor die Geschwister noch mit Jonte Pläne schmieden konnten, saßen sie schon im Auto. Es ging in Richtung Westerstede zum *LandErlebnis Janßen*.
„Ich weiß gar nicht, wo ich zuerst hinsehen soll“, meinte Mama gleich nach Betreten des Haupthauses. „Hätte ich bloß meinen Geldbeutel zu Hause gelassen!“ Sie blickte in Richtung Hofladen, wo es Deko- und Gartenartikel in Hülle und Fülle gab.

„Das ist ja lustig!“, rief Lilly. „In dem Café sind die Tische aus alten Türen gebaut!“
„Und da hängen Eimer, Obstkisten und Kochtöpfe als Lampen!“, ergänzte Nikolas.
Während die Eltern erst einen Kaffee trinken wollten, sausten die Kinder nach draußen zum Spielplatz. Hier gab es viel zu entdecken: das riesige Hüpfkissen *Wabbel Babbel*, *Hoppel Gockel*, auf denen man reiten konnte, die lange

Rutschbahn *Wilde Hilde*, eine Traktorbahn, Strohhüpfen, Mini-Schweine, Esel und Ziegen.
Am witzigsten fand die Familie die *total verrückte Scheune*. Der Schuppen lag schräg auf dem Dach, und auch im Inneren stand alles kopf.
Die Eltern sahen ihre Kinder die nächsten Stunden nur aus der Ferne. Zwischendurch durfte Papa ihnen Popcorn und ein „3-Gänge-Menü" spendieren. Bei dem Menü schaute Mama erst ein wenig entsetzt, bis sich herausstellte, dass damit eine Bratwurst, ein Brötchen und Senf gemeint waren.

Als sie wieder an der Ferienwohnung ankamen, ging langsam die Sonne unter. Jonte wartete schon mehr als ungeduldig auf die Geschwister. „Wo seid ihr denn die ganze Zeit gewesen?" Der Junge wartete gar keine Antwort ab, sondern redete sofort weiter. „Ich war heute Nachmittag noch einmal im Moor und habe versucht herauszufinden, wo der Pritschenwagen immer hinfährt."
„Und?", fragte Nikolas neugierig.
Jonte zuckte mit den Schultern. „Ich habe nichts entdecken können. Falls etwas im Moor abgeladen wurde, ist es sofort versunken."
Lilly riss ihre Augen weit auf. „Warst du etwa auf dem verbotenen Gelände?"
Jonte zeigte ihr einen Vogel. „Viel zu gefährlich! Kommt ihr jetzt noch mal mit ins Moor? Vielleicht können wir den Pritschenwagen auf frischer Tat ertappen."
„Mama erlaubt uns nie, dass wir uns jetzt noch einmal auf den Weg machen", meinte Nikolas mutlos.
„Wir müssen ihr ja nicht sagen, was wir vorhaben!", schlug Lilly vor und blickte ihren Bruder herausfordernd an.

„Na, was heckt ihr aus?“ Wie aus dem Nichts stand plötzlich Papa neben ihnen.
„Wir wollen hinten am Teich unser Anglerglück versuchen“, antwortete Jonte schnell. „Jetzt, wo es dämmert, beißen die Fische am besten.“
„Na gut“, meinte Papa. „Aber in einer Stunde seid ihr im Bett. Einverstanden?“
Lilly und Nikolas nickten wie auf Kommando. Sie trauten sich nicht, Papa in die Augen zu schauen. Sobald er im Haus verschwunden war, rannten die Kinder los. Sie schnappten sich ihre Fahrräder und düsten ab ins Moor. Dort angekommen, stellten sie die Räder ab und schlichen zum Zaun.
So angestrengt sie auch in die Dämmerung blickten, sie konnten nichts erkennen. „Lass uns abhauen, da kommt keiner mehr“, brummte Nikolas, als Jonte plötzlich den Kopf hob. „Seid mal still!“
In der Ferne war ein Motorengeräusch zu hören. Es dauerte nicht lange, und ein Fahrzeug bog auf den Feldweg ein. Als es an den Kindern vorbeifuhr, konnten sie erkennen, dass es der Pritschenwagen war. Das Auto hielt vor dem Zaun. Die Kinder hielten den Atem an. Hoffentlich wurden sie hinter den Birkenbüschen nicht entdeckt! Der Beifahrer stieg aus dem Fahrzeug aus und öffnete das Tor zum Abbaugelände. Dann fuhr der Wagen weiter. Die Kinder mussten sich anstrengen, um im Dunkeln überhaupt etwas erkennen zu können. Irgendwann hielt das Fahrzeug an, und ein lautes Rauschen war zu vernehmen.
„Klingt, als würden sie eine Ladung im Moor versenken“, wisperte Nikolas.
„Wenn ich bloß wüsste, was!“, erwiderte Jonte. „Das müssen wir unbedingt rauskriegen!“
„Das müssen wir auf morgen verschieben“, meinte Lilly. „Wir müssen nach Hause. Wenn unsere Eltern merken, dass wir nicht da sind, gibt es mächtigen Ärger!“

DIE KINDER WERDEN PIRATEN, UND PAPA WIRD HÖRKÖNIG

Am nächsten Morgen konnten Lilly und Nikolas ihren Freund nirgends entdecken. Ihnen blieb auch keine Zeit zum Suchen, denn die Eltern hatten gleich morgens einen Besuch im *OLantis* in Oldenburg geplant. Mama hatte ihnen ein tolles Flussbad mit Sandstrand versprochen.

„Ich wäre ja auch gerne mit euch in die Familiensauna gegangen", meinte Papa, „aber die ist nur samstags geöffnet."

„Bei dem herrlichen Wetter sind wir am Fluss besser aufgehoben", fand Mama.

So war es dann auch. Während Papa beim Schwimmen seine Bahnen zog und Mama es sich mit ihrem Buch im Strandkorb gemütlich machte, enterten Lilly und Nikolas das riesige Piratenschiff mit seinen Wasserkanonen, Fontänen und Kletternetzen. Auch die Turborutsche machte ihnen viel Spaß. Da war sogar Papa mit von der Partie. Er schätzte die Rutschgeschwindigkeit auf mindestens 50 Kilometer pro Stunde.

Obwohl sie den ganzen Tag im Flussbad hätten zubringen können, waren Lilly und Nikolas nicht traurig, als die Eltern aufbrechen wollten. Schließlich mussten die Geschwister dringend mit Jonte überlegen, wie die Ermittlungen im Fall Pritschenwagen weiter vorangetrieben werden konnten. Papa bestand aber auf ein Essen im Restaurant *Leuchtturm*. Als Mama sich dann noch den *Hörgarten* ansehen wollte, wurden die Geschwister nervös. In dem kleinen Themenpark rund um das Hören nahm

Papa sofort auf dem Hörthron Platz und war verblüfft, was man damit alles hören konnte. Dieser Thron war ein gigantisches Hörgerät, in das man sich hineinsetzen konnte. Bei Lilly und Nikolas kam die Mittelohrpauke am besten an. Wenn sie auf das große trommelartige Gebilde schlugen, wurden richtige Druckwellen erzeugt. Diese waren so stark, dass die Haare der Kinder weggepustet wurden. Und dann spielte die ganze Familie noch „Stille Post" an den Flüsterspiegeln.

„Solche Flüsterspiegel hätte ich gerne für zu Hause“, meinte Mama. „Dann wüsste ich immer, was unsere Kinder als Nächstes aushecken!“
„Ob Mama etwas gemerkt hat?“, flüsterte Lilly ihrem Bruder zu, als sie weit genug von den Spiegeln entfernt waren.
Nikolas zuckte mit den Schultern. „Glaub ich nicht. Dann wäre sie nicht so entspannt!“

Als sie am frühen Nachmittag wieder auf die Ferienhofanlage zurückkehrten, kam Jonte gleich angerannt. „Ich habe schon auf euch gewartet! Habt ihr heute Nachmittag Zeit? Ich will mit Lackmuspapier den ph-Wert im Moor überprüfen.“
„Lackmus ... ph-Wert?“, murmelte Nikolas verständnislos.
„Ja, darauf hast du mich gebracht!“
„Wie das denn?“ Nikolas verstand nun gar nichts mehr.
„Du hast mir doch neulich dein Torfmoos gezeigt. Die Pflanze, die im Moor alles sauer macht.“
Nikolas nickte. „Ja, das Moos habe ich im *Moor- und Fehnmuseum* geschenkt bekommen, damit ich zu Hause Versuche machen kann. Die Frau dort hat mir erzählt, dass das Wasser sauer wird, wenn ich Torfmoos hineinlege.“
„Und wie bestimmt man bei einer chemischen Lösung, ob sie sauer ist oder nicht?“, fragte Jonte im Oberlehrerton.
„Mit Lackmuspapier!“, antwortete Nikolas wie aus der Pistole geschossen. „Das hatten wir gerade erst in der Schule. Wenn die Flüssigkeit sauer ist, verfärbt sich das Papier rot. Ist sie alkalisch, wie zum Beispiel Seife, dann wird das Papier blau.“
„Genau“, antwortete Jonte. „Das probieren wir jetzt im Moor aus.

Wenn wir nachweisen können, dass das Moor an der Stelle, wo der Pritschenwagen stand, nicht mehr sauer ist, dann wissen wir, dass verbotene Stoffe ins Moor gekippt wurden."

Nikolas überlegte und nickte langsam.

„Aber wo willst du dieses Papier hernehmen?", warf Lilly ein.

„Das habe ich selbst gebastelt!" Jonte grinste über das ganze Gesicht. „Mir war eingefallen, dass ein Rezept in meinem Experimentierbuch steht."

Nikolas schaute skeptisch. „Und das funktioniert auch?"

„Was denkst du denn?" Jonte schnappte nach Luft. „Ist ja wohl logo, dass ich das schon getestet habe!"

„Hoffentlich haben Mama und Papa nicht noch etwas mit uns vor!", warf Lilly ein.

Doch die Geschwister hatten Glück. Ihre Eltern wollten zu einer *Salzgrotte* in Bad Zwischenahn. Sie waren damit einverstanden, dass die Kinder auf dem Hof blieben. Lilly meinte, dass sie gern zu den Ponys gehen würde, und Nikolas gab vor, noch einmal sein Glück beim Angeln versuchen zu wollen.

Solange die Eltern sich nicht auf den Weg gemacht hatten, mussten sich die Kinder gedulden. Nikolas und Jonte saßen mit der Angel am Teich, und Lilly striegelte ein Pony. Obwohl Lilly Pferde über alles liebte, war sie nicht bei der Sache. Ihre Gedanken kreisten unablässig um das Moor. Würde das selbstgebastelte Lackmuspapier von Jonte funktionieren?

JONTE SIEHT BLAU UND OPA ROT

Nach einer kurzen Kaffeepause machten sich die Eltern auf den Weg zur Salzgrotte. Sie waren noch nicht ganz vom Hof gefahren, als sich die Kinder auch schon ihre Fahrräder schnappten. Wenige Minuten später waren sie an der Torfstation.

„Lasst uns die erste Probe in der Torfgrube nehmen", schlug Jonte vor und kramte in seinem Rucksack. „Dann wissen wir, ob es funktioniert." Er nahm ein Stückchen von seinem Lackmuspapier und hielt es in das Wasser, das sich unten in der Grube gesammelt hatte. Innerhalb von Sekunden färbte sich der Streifen rot.

„Klasse!" Lilly bestaunte den roten Zettel.

„Das Moorwasser ist eindeutig sauer!", stellte Jonte zufrieden fest.

Auch Nikolas betrachtete den verfärbten Streifen. „Und wie willst du jetzt weiter vorgehen?"

Jonte zog die Nase kraus und überlegte kurz. „Ich fürchte, wir müssen auf das Abbaugelände. Genau zu der Stelle, wo die Säcke vom Pritschenwagen ausgeleert wurden."

„Auf das verbotene Grundstück?" Lilly holte tief Luft. „Ist das nicht gefährlich?"

„Doch schon", gab Jonte kleinlaut zu. „Aber wie sollen wir sonst an unsere Probe kommen? Die Erwachsenen tippen sich an die Stirn, wenn wir ihnen von dem Verdacht erzählen."

Die Geschwister nickten stumm.

„Einer von euch sollte hier bleiben und im Notfall Hilfe holen“, fuhr Jonte fort und blickte dabei Lilly an.

„Warum ich?“, brauste Lilly auf.

Jonte bekam einen roten Kopf. „Mädchen haben doch meistens Schiss!“

„Lilly nicht!“, entgegnete Nikolas, ohne zu zögern. Dann nickte er seiner Schwester zu. „Schnick, Schnack, Schnuck?“

Lilly nickte. „Aber ohne Brunnen! Und der erste Versuch zählt!“

Beide Kinder ruderten mit dem rechten Arm in der Luft und riefen wie aus einem Mund: „Schnick, Schnack, Schnuck!“ Nikolas streckte seine Hand aus, die er zu einer Faust geballt hatte. Lilly hielt ihre flache Hand hin. „Ich habe gewonnen!“, rief Lilly. „Papier wickelt den Stein ein!“

„Na, dann mal los!“, forderte Nikolas die beiden auf. „Ich lasse euch nicht aus den Augen!“

Jonte und Lilly kletterten über das Tor. Vorsichtig tasteten sie sich zu der Stelle vor, an der neulich der Wagen gestanden hatte. Jonte ging vor, Lilly folgte ihm. Der Weg wurde immer nasser, und sie mussten genau aufpassen, wohin sie traten.

Plötzlich blieb Jonte stehen. „Ich glaube, das letzte Stück gehe ich alleine. Es wird immer feuchter. Da kommst du mit deinen Turnschuhen nicht weiter."

Lilly nickte. Warum hatte sie nicht wie Jonte Gummistiefel angezogen?

Jonte tastete sich weiter vor. Als er endlich die Stelle erreicht hatte, zog er eine Plastiktüte aus seinem Rucksack und füllte Erde für spätere Tests hinein. Dann nahm er sein Lackmuspapier und hielt es in die Brühe vor seinen Füßen. Ein Blick genügte: Der Streifen hatte sich blau verfärbt!

So schnell er konnte, wollte Jonte zu Lilly und ihr das Ergebnis zeigen. Dabei vergaß er total, wo er war. Ein falscher Schritt und ... zack! Er saß bis zu den Knien im Morast fest! Jonte versuchte, sich zu befreien, sackte aber nur noch tiefer ein. Lilly wollte ihm zu Hilfe eilen, aber schon nach drei Schritten hatte ihr das schmatzende Moor den rechten Schuh ausgezogen.

Als Nikolas von Weitem sah, was geschehen war, dachte er nicht lange nach. Er schnappte sein Handy und wählte die Nummer vom Ferienhof. Zum Glück hatte Mama die Nummer für den Notfall eingespeichert. Während er Jontes verzweifelte Versuche beobachtete, sich zu befreien, hörte er es am anderen Ende klingeln. Nach dem achten Klingeln nahm Herbert endlich ab.

Atemlos berichtete Nikolas, was geschehen war. Jontes Opa alarmierte sofort die Feuerwehr und raste dann selber zum Moor. Wenige Minuten später war die Feuerwehr vor Ort und zog Jonte mit Wurfleinen aus dem Moor.

Opa war stinksauer auf seinen Enkel. Er konnte einfach nicht verstehen, wie Jonte auf so eine dumme Idee kommen konnte! Er wollte nicht einmal richtig zuhören, warum die Kinder das gemacht hatten. Auch Mama und Papa hielten Lilly und Nikolas nach ihrer Rückkehr eine Standpauke, die sich gewaschen hatte.

„Was habt ihr euch bloß dabei gedacht?", brüllte Papa und raufte sich die Haare. Er lief in der Küche hin und her. „Da besuchen wir eine Moorausstellung nach der anderen, und ihr habt immer noch nicht kapiert, wie gefährlich es ist?"

Beschämt sah Nikolas zu Boden. „Doch, natürlich. Aber es kann ja auch nicht sein, dass jemand dort illegal seinen Müll abladt!" Ihm standen die Tränen in den Augen.

„Müll abladt?", fragte Papa verständnislos.

Nun erzählten Lilly und Nikolas abwechselnd von ihren Erlebnissen. „Und der Lackmusstreifen hat definitiv keine Säure angezeigt!", beendete Nikolas den Bericht.

Als die Geschwister schließlich im Bett lagen, suchte Papa Herbert und berichtete ihm von den Beobachtungen der Kinder.

DAS VERHÖR

Die Familie hatte es sich im Garten gemütlich gemacht und ihren Frühstückstisch unter einem Apfelbaum gedeckt. Ein schwarzer Vogel regte sich fürchterlich auf. Er flatterte hin und her und schimpfte unablässig.

„Moin!" Herbert blickte erst zu den Feriengästen, dann zum Vogel. „Keine Sorge. Die Amsel kriegt sich schon wieder ein. Irgendwo da in der großen Tanne hat sie ihr Nest."

Doch Papa hörte ihm gar nicht richtig zu. „Hast du schon etwas erreichen können?", wollte er von Herbert wissen.

Lilly und Nikolas blickten von einem zum anderen. Wovon redete Papa?

Herbert nickte. „Ich komme gerade von der Polizei."

Die Geschwister hielten den Atem an. Hatte Papa Herbert von ihrem Verdacht erzählt?

„So ganz wollten sie mir nicht glauben, was die Kinder sich da zusammengereimt haben", fuhr Herbert fort. „Trotzdem wollen sie sie noch befragen. Möglichst am Tatort. Deswegen sollen wir um 11 Uhr zur Bodenstation kommen."

„Kein Problem!", erwiderte Papa.

„Jonte auch?", fragte Lilly.

„Natürlich!"

„Wo ist er eigentlich?", wollte Nikolas wissen.

„Der hat erst einmal Stubenarrest", verkündete Herbert. „Umweltsünder hin oder her. Jonte sollte auf jeden Fall wissen, dass es viel zu gefährlich

ist, das Moor einfach so zu betreten und dass es nicht umsonst strengstens verboten ist. Darüber darf er nun noch eine Weile nachdenken."
Lilly und Nikolas sahen einander betreten an. Herbert verabschiedete sich und ging in Richtung Ponyweide.
„Irgendwie hatte ich mir unseren letzten Urlaubstag ein wenig anders vorgestellt!" Mama seufzte.
„Was hattest du denn für heute geplant?", fragte Lilly.
„Ich wollte mit euch nach Molbergen zum *Dausenmoorpad*. Dort gibt es einen *Moorlehr- und Erlebnispfad*. Ich hatte mir gedacht, dass Nikolas dort noch ein wenig Material für sein Projekt finden könnte."
„Oh ja!", rief Nikolas begeistert. „Das klingt interessant. Können wir da nicht hinterher noch hinfahren?"
Mama schüttelte den Kopf. „Ich glaube, das ist nicht mehr drin. Wir fahren von hier dorthin bestimmt eine Stunde. Und auf dem Pfad brauchen wir auch Zeit. Da wir morgen ganz früh wieder Richtung Heimat fahren wollen, müssen wir ja auch noch packen."
Nikolas seufzte.

Kurz vor 11 Uhr kam die Familie bei der Bodenstation an. Herbert und sein Enkel saßen schon auf der Bank vor der Hütte. Jonte blickte zerknirscht drein. Sie mussten nicht lange warten. Wenige Minuten später hielt ein Polizeiauto auf dem Feldweg.
„Moin!", grüßten die beiden Polizisten im Chor. Sie stellten sich als Hein Meyer und Renke Brunken vor. Nachdem sie von allen die Personalien aufgenommen hatten, mussten die Kinder genau erzählen, was sie auf dem Abbaugelände beobachtet hatten. Jonte war nun in seinem Element und berichtete alles haargenau. Zwischendurch ergänzten Lilly und Nikolas

seinen Bericht. Dann holte Jonte seinen Rucksack hervor und zeigte den Polizisten alle Spuren, die sie gesichert hatten: die Gipsabdrücke, die zerbrochenen Fliesen, den Lackmustest und auch das Foto vom Nummernschild des Pritschenwagens.

Anerkennend pfiff Polizist Meyer durch die Zähne. „Du könntest glatt bei uns bei der Spurensicherung anfangen!"

Jonte strahlte über das ganze Gesicht. „Das ist auch mein Traumberuf!"

„Findet ihr die Stelle wieder, wo der Pritschenwagen seine Ladung abgekippt hat?", wollte Polizist Brunken wissen.

Alle drei Kinder nickten heftig. Der Polizist ging zum Fahrzeug und telefonierte.

„Wir holen Hilfe, damit wir Bodenproben nehmen können, ohne uns in Gefahr zu begeben", erklärte der andere Polizist.

Nach einer Viertelstunde kam die Feuerwehr, die am Tag zuvor schon zu Jontes Rettung beigetragen hatte. Soweit es ging, fuhren sie mit dem Feuerwehrfahrzeug auf das Gelände. Dort zog sich ein Feuerwehrmann einen orangefarbenen Überlebensanzug an. Die Kinder erfuhren, dass solch ein Anzug vor Nässe und Kälte schützt und einen Auftrieb hat, sodass man damit nicht untergehen kann. Außerdem wurde der Mann mit einer Leine gesichert, an der er im Notfall wieder aus dem Moor herausgezogen werden konnte. Ausgestattet mit einer Schaufel und einem Plastiksack, wagte sich der Feuerwehrkamerad behutsam in das Moorgelände vor. Jonte, Nikolas und Lilly dirigierten ihn mit einem Megafon. Als die Kinder sich sicher waren, dass er die richtige Stelle erreicht hatte, schippte der Mann eine Bodenprobe in den Sack und kam dann langsam zum Feuerwehrfahrzeug zurück. Polizist Meyer nahm den Beutel in Empfang, band ihn zu und beschriftete ihn sorgfältig.

„Der geht jetzt sofort ins Labor", erklärte sein Kollege Brunken. „Bitte halten Sie sich die nächsten 24 Stunden zur Verfügung, falls wir noch Fragen haben."

Papa und Mama nickten mechanisch. Die Feuerwehrleute machten sich wieder auf den Weg. Das Fahrzeug hatte gerade das Gelände verlassen, als ein kleines, schwarzes Auto auf den Feldweg einbog.

„Ah, da kommt die NWZ!", stellte Polizist Brunken fest.

„Die NWZ?", fragte Papa verständnislos.

„Nord-West-Zeitung", erläuterte Herbert. „Das ist unsere Zeitung hier. Und das ist Herr Frank. Er ist für unsere Ecke zuständig."

Ein junger Mann stieg aus dem Auto. In der einen Hand hielt er einen Notizblock und in der anderen eine Kamera. Da die Polizisten möglichst schnell die Bodenprobe ins Labor bringen wollten, unterhielt sich Herr Frank mit ihnen zuerst. Dann machte er noch Fotos von den Kindern mit den Polizisten und mit dem grauen Sack.

Als die Polizisten sich auf den Weg gemacht hatten, wurden Lilly, Nikolas und Jonte interviewt. Sie durften alles ausführlich erzählen. Von ihren Beobachtungen im Moor, von Lillys Flohmarktfund mit den alten Fotos, dem Auskundschaften der ehemaligen Tankstelle bis hin zum Versinken im Moor. Der Journalist konnte gar nicht so schnell schreiben, wie die Kinder erzählten. Jonte zeigte auch noch die Gipsabdrücke und seine selbst gebastelten Lackmusstreifen. Zum Schluss machte Herr Frank noch ein Foto von den Kindern mit den Gipsabdrücken.

„Es wird noch ein wenig dauern, bevor der Artikel erscheinen kann", erklärte der Journalist. „Ich muss erst Rücksprache mit der Polizei halten. Solange die Ermittlungen noch laufen, wollen wir die Täter ja nicht vorwarnen."

RIESENWELS UND MAINZELMÄNNCHEN

Für einen Ausflug zum *Dausenmoorpad* war es nun wirklich zu spät. Mama wollte gern noch ein paar Mitbringsel für die Großeltern kaufen. So fuhren sie nach Bad Zwischenahn, wo Mama schnell fündig wurde. Ammerländer Schinken, Mettwurst, Ostfriesentee und natürlich die Mockturtle mussten mit nach Berlin. Lilly und Nikolas freuten sich schon jetzt auf die Gesichter der Großeltern, wenn sie ihnen die Schildkrötensuppe präsentierten. Papa wollte unbedingt ein paar Räucheraale mitnehmen, auch wenn Mama befürchtete, dass das ganze Auto danach riechen würde.

Da bis zum Abendessen noch ein wenig Zeit war, machten sie einen Spaziergang am *Bad Zwischenahner Meer*, das eigentlich kein Meer, sondern ein großer See ist – der drittgrößte Binnensee in Niedersachsen, wusste Papa zu berichten. Er erzählte ihnen, dass der See durch den Einsturz eines Salzstockes entstanden ist. Dieser Salzstock war vor über 250 Millionen Jahren entstanden.

„Angeblich lebt im *Bad Zwischenahner Meer* ein Riesenwels“, erzählte Mama. „Der soll sogar einen Dackel gefressen haben.“

Nikolas sah Mama mit weit aufgerissenen Augen an. „Und dann trauen sich die Menschen, darin zu schwimmen?“ Er schaute zur Badestelle rüber.

Papa lachte. „Ich glaube ja, dass das mit dem Wels ein Märchen ist. Einen richtigen Beweis gibt es nämlich nicht.“

„Guckt mal, der ist ja süß!“ Lillys Stimme überschlug sich fast vor Überraschung.

„Wo? Wer?“ Ratlos blickte Nikolas umher.

„Na, da unten auf der Bank!“ Lilly grinste über das ganze Gesicht.

Nun hatte auch Nikolas entdeckt, was seine Schwester meinte. Auf der Lehne der Parkbank stand ein kleines Männchen aus Bronze. „Was ist das denn für ein Zwerg?“

„Das ist ein Mainzelmännchen. Die kommen im ZDF zwischen den einzelnen Werbespots“, erzählte Mama. „Die haben immer lustige Streiche auf Lager. Erfunden hat sie Wolf Gerlach, und der hat einige Jahre hier in Bad Zwischenahn gelebt. Aber wir streamen ja fast ausschließlich oder sehen uns Sendungen in der Mediathek an, darum kennt ihr die Mainzelmännchen nicht.“

Nachdem Papa ein paar Fotos von Mama, den Kindern und der Figur gemacht hatte, schlenderten sie weiter. Nach ein paar Metern standen sie vor einem alten Ammerländer Bauernhaus. Mama erzählte, dass es sich dabei um ein Museum handelte. Hier war eine Hofanlage wie vor 300 Jahren nachgebaut worden: mit einem Speicher, einer Windmühle und vielen anderen Nebengebäuden. Mama wollte gern einen Blick hineinwerfen. Wemkens hatten ihr erzählt, dass dort immer noch Schinken unter der Decke geräuchert wurden. So war es dann auch: Es hing Schinken an Schinken. Leider war das Feuer aus. Immer, wenn Besichtigungen stattfanden, musste es aus Sicherheitsgründen gelöscht werden.

Im sogenannten *Spieker*, dem Speicher nebenan, wurde früher Brot gebacken und Bier gebraut. Nun war es ein Restaurant für Ammerländer Spezialitäten. Nachdem Papa herausgefunden hatte, dass man dort geräucherten Aal bestellen konnte, war es beschlossene Sache, dass sie dort auch zu Abend essen würden.

„Eigentlich sollte man keinen Aal mehr essen, weil der überfischt ist, das heißt, es werden mehr Aale gefangen, als neue schlüpfen", berichtete Mama. „Aber der Aal hier wird extra gezüchtet. Den können wir unbedenklich genießen."

„Vorher will ich aber noch den *Wasserturm* besteigen!", verkündete Papa. „Von dort muss man einen herrlichen Blick über das *Bad Zwischenahner Meer* haben!"

„Macht ihr ruhig!", meinte Mama. „Im *Kurpark* gibt es noch einen Kräutergarten. Ich glaube, der ist eher etwas für mich."

„Der *Wasserturm* ist aber ganz massiv gebaut", versuchte Papa, sie umzustimmen. „Der schwankt bestimmt nicht."

Doch Mama schüttelte den Kopf. „Mir hat der Turm im *Park der Gärten* gereicht!“
So ging Mama weiter in den *Kurpark*, und Papa und die Kinder erklommen den *Wasserturm*. Lilly und Nikolas stöhnten unterwegs ganz schön. Mit so vielen Stufen hatten sie nicht gerechnet. Aber die Aussicht war wirklich fantastisch. Nikolas entdeckte sogar Mama im Kurpark.
Danach ging es zurück zum *Spieker*, wo Mama bereits draußen an einem Tisch wartete. Als sie den Rest der Familie sah, steckte sie schnell ihr Handy ein und grinste.
„Na, was führst du wieder im Schilde?“, fragte Papa.
„Ich?“ Mama versuchte, unschuldig zu gucken, konnte sich das Grinsen aber nicht verkneifen. „Als wenn ich so etwas machen würde!“
„Nein, du hast nie Geheimnisse vor uns“, sagte Nikolas und ließ sich neben seiner Mutter auf den Stuhl fallen. „Ich sage nur: NordseeKarren und Schlafstrandkorb!“
„Die Polizei hat doch gesagt, dass wir noch 24 Stunden hierbleiben sollen. Wie machen wir das denn? Können wir noch eine Nacht länger bei den Wemkens bleiben?“, wollte Lilly wissen.
Mama schüttelte den Kopf. „Nein, das geht leider nicht. Ich habe gerade mit Rosel telefoniert. Die Wohnung ist ab morgen Mittag schon an eine andere Familie vermietet. Aber vielleicht können wir bei ihrem Neffen unterkommen. Sie fragt für uns nach.“
Papa wechselte das Thema. „Herbert hat gesagt, dass hier der geräucherte Aal besonders gut ist.“ Er angelte nach der Speisekarte, die neben Mama auf dem Tisch lag. „Und was nehmt ihr?“
Nicht nur Papa wollte den Aal probieren. So bestellten sie drei Portionen mit Ammerländer Schwarzbrot. Die Kinder wollten sich eine Portion teilen.

„Damit noch Platz für Stockbrot bleibt“, erklärte Lilly. „Herbert hat uns noch ein Lagerfeuer versprochen.“

Als der Kellner ihnen den Fisch brachte, guckten die Kinder ganz erstaunt. „Da ist ja noch der Kopf dran!“, stellte Nikolas fest. Der Kellner erklärte ihm, wie man den Aal festhalten muss und dann den Kopf und die Haut abziehen kann. Nikolas machte sich ans Werk und hielt kurze Zeit später seiner Schwester den „nackten“ Fisch hin. Da der Aal sehr fettig war, lief ihm dabei das Fett an den Händen herunter. Mama und Papas Hände sahen auch nicht viel besser aus, aber der Räucheraal schmeckte allen vorzüglich.

Als sie mit dem Essen fertig waren, kam der Kellner mit einer Flasche Schnaps. Papa wollte schon abwinken. Doch da forderte ihn der Kellner auf, sich mit dem Schnaps die Hände abzuwaschen. Das würde zum Aalessen dazugehören. Er goss jedem eine große Portion in die hohle Hand. Tatsächlich verschwand das Fett problemlos.

Nachdem sie ihre Koffer gepackt hatten, verbrachten sie den Rest des Abends bei Wemkens im Garten. Herbert hatte Wort gehalten und ein Feuer entzündet.

Rosel brachte eine große Schüssel Stockbrotteig. „Das mit der Übernachtung bei meinem Neffen geht klar.“

„Ihr wollt bei Jörn übernachten?“, fragte Herbert. „Da habt ihr euch ja etwas ganz Besonderes ausgesucht!“

Mama machte ihm Zeichen, dass er nichts verraten solle, aber Lilly und Nikolas hatten nichts mitbekommen. Sie waren zu sehr mit dem Stockbrot beschäftigt.

DIE MOLBERGER DOSE

„Schade, dass wir zurück nach Berlin müssen." Lilly wischte sich eine Träne aus dem Augenwinkel. „Ich wäre so gerne noch länger geblieben."

Nikolas nickte nur. Verlegen zeichnete er mit der Schuhspitze Kreise in den Sand. Auch er kämpfte mit den Tränen.

„Ich glaube, es würde euch hier ganz schön langweilig werden", stellte Rosel fest. „Jonte verlässt uns morgen auch. Schließlich geht am Montag die Schule wieder los."

Jonte seufzte laut, und alle lachten.

„Hier ist die Adresse von Jörn." Rosel reichte Mama einen Zettel. „Er erwartet euch. Ihr sollt euch einfach an der Kasse melden."

„Ich melde mich, sobald ich etwas von der Polizei gehört habe", erklärte Herbert. „Und auch sonst halte ich euch auf dem Laufenden. Ihr kriegt dann auch den Artikel aus der NWZ."

Als Familie Sonnenschein am nächsten Tag vom Hof fuhr, hatte Jonte ein Taschentuch gezückt und winkte damit wie verrückt. Sie hatten natürlich ihre Telefonnummern ausgetauscht und wollten in Kontakt bleiben.

Eine Stunde später lenkte Papa das Auto auf einen schmalen Sandweg. „Ist hier unsere neue Unterkunft?", fragte Lilly und sah angestrengt aus dem Fenster. Außer Wiesen und Äckern war nichts zu sehen.

Mama schüttelte den Kopf und drehte sich zu den Kindern um. „Wir wollten doch noch den *Dausenmoorpad* in der *Molberger Dose* erkunden."

„Au ja!“, rief Nikolas begeistert. „Mir fehlen noch ein paar gute Fotos für mein Projekt.“

Am Ende des Weges hielt Papa neben einer Holzhütte, an deren Giebel eine riesige Libelle prangte. Die Kinder sprangen sofort aus dem Auto und stürzten zur Schutzhütte, um sich die Informationstafeln anzusehen.

„Seht mal!“, rief Lilly. „Die heißt wie ich: Lilli Libelle. Sie weist uns den Weg!“

„Ich habe ja schon immer gewusst, dass du eine schillernde Schönheit bist!“ Papa lachte.

Lilly breitete ihre Arme wie Flügel aus und umschwirrte die Familie. „Schade, dass ich nicht wirklich fliegen kann. Der Rundweg ist drei Kilometer lang. Mir tun jetzt schon die Füße weh!“

Dann folgte die Familie der Libelle Lilli auf ihrem Weg ins Moor. Alle paar Meter gab es etwas Neues zu entdecken.

„Sieh mal, Papa!“, rief Nikolas. „Das ist etwas für dich! Hier kannst du auf Zeitreise gehen!“

In unregelmäßigen Abständen standen am Wegesrand Holzsäulen. „Und wie soll das gehen?“, wollte Lilly wissen.

Papa studierte die Beschreibung. „Hier, an der ersten Säule, reisen wir 10.000 Jahre zurück in die Vergangenheit. Damals hat ein Gletscher ein riesiges Loch hinterlassen, als er geschmolzen ist. In diesem Loch hat sich dann Wasser angesammelt, und ein Niedermoor fing an zu wachsen. Jeder Schritt, den wir jetzt machen, bringt uns der Gegenwart 100 Jahre näher.“

Nikolas rannte zur nächsten Säule, die ein ganzes Stück entfernt stand. „Ich bin jetzt 7.400 Jahre durch die Zeit gereist und am Ende der Bronzezeit angekommen!“, rief er, nachdem er das Schild studiert hatte. „Das Moor ist jetzt schon viereinhalb Meter hoch!“

„Ich reise noch weiter!", rief Lilly und flitzte zum nächsten Pfeiler. „Ich bin jetzt im Jahr 1800 n. Chr. angekommen. Damals fingen die Menschen an, das Moor zu entwässern und Torf abzubauen."

An der nächsten Säule war die Familie Sonnenschein wieder in der Gegenwart angekommen. Lilly und Nikolas waren nun nicht mehr zu bremsen und liefen zur nächsten Station. Am Rande eines Ackers gab es am Boden zwei Eisentüren, die man öffnen konnte. Darunter kam ein Fenster mit den unterschiedlichen Bodenschichten zum Vorschein, wie sie entstehen, wenn ein Tiefpflug den Moorboden umpflügt. Während Mama und Papa sich jede Tafel ganz genau durchlasen, konnten die Kinder es nicht mehr abwarten und liefen zur nächsten Station vor. Immer wieder gab es etwas Spannendes zu entdecken: einen dicken Torfmoos-Teppich, der sich wie ein nasser Tafelschwamm anfühlte, und Libellen, die mit schillernden Flügeln vor ihnen auf dem Weg schwebten. Nikolas musste viel Geduld aufbringen, bis es ihm gelang, eine Libelle zu fotografieren. Lilly spielte „Moorbewohner-Domino". Auf der ersten Tafel wurde eine Frage zu einem Tier im Moor gestellt. Die Antwort gab es dann auf der nächsten Tafel, wo eine weitere Aufgabe gestellt wurde.

Als sie dann die nächste Abzweigung nahmen, stand die ganze Familie vor einer riesigen, mit Wasser bedeckten Fläche. Aus dem Wasser streckten abgestorbene Birken ihre blattlosen Arme in den Himmel.

„Das sieht ja aus wie in einem Gruselfilm!", meinte Nikolas.

Papa nickte. „Hier hat man begonnen, das Moor wieder zu vernässen. Die Birken mögen es nicht, im Wasser zu stehen. Sie sterben dann ab."

„Die armen Birken!", entgegnete Lilly.

„Ja, schon", erwiderte Mama, „aber eigentlich haben sie nichts im Moor verloren. Dort, wo eine richtige Moorlandschaft entstehen soll, müssen sie leider weichen."

Nikolas hatte etwas entdeckt. „Guckt mal, da steht genauso ein Bilderrahmen wie vor dem *Museumsdorf Cloppenburg!*"

Wieder schoss Papa etliche Erinnerungsfotos. Diesmal mit dem Gruselmoor im Hintergrund. Als sie weitergingen, kamen sie zu einem kleinen Turm mit einer Aussichtsplattform. Von dort oben hatte man einen traumhaften Ausblick über das ganze Moor. Sogar Mama genoss ihn. Da es allen dort so gut gefiel, machten sie Rast, und Mama packte die mitgebrachten Brote und Gemüsesticks aus.

Das Moorquiz, das sie nach der Pause erwartete, war eher etwas für Erwachsene, fand Nikolas. Dafür waren er und Lilly an der Station „Moorbodenexperiment" mit vollem Eifer dabei. Hier stellten sie fest, dass Wasser schneller durch normalen Sandboden läuft als durch Torf.

Richtig toll fand Nikolas ein riesiges Buch, das sie an der letzten Station erwartete. Hier ging es um

die Frage, warum das Moor so prima für das Klima ist. Sie erfuhren, dass das Moor zu den wichtigsten Kohlenstoffspeichern gehört und dass es extreme Temperaturunterschiede ausgleicht, weil der Torfkörper sehr gut Wärme speichert. Außerdem schützt das Moor bei starken Regenfällen vor Überschwemmungen, weil es das Wasser wie ein Schwamm aufsaugt. Noch dazu filtert es sogar Schadstoffe aus dem Wasser heraus. Nikolas hatte sein Notizbuch herausgeholt und machte sich Notizen.

„Und vergiss nicht, dass das Moor Lebensraum für spezialisierte Tier- und Pflanzenarten ist, die nur hier leben können!“, erinnerte Papa.

„Ich hätte nie gedacht, dass das Moor so viel Material liefert“, staunte Nikolas. „Das wird ein toller Beitrag für den Wettbewerb!“

FLIEGENDE UFOS IM BARFUßPARK IN HARKEBRÜGGE

„Bist du dir sicher, dass wir hier richtig sind?“ Nikolas drückte sich die Nase an der Autoscheibe platt.
„Da ist ja ein *Barfußpark*!“ Lilly hatte das Eingangsschild entdeckt. „Gehen wir da auch noch rein? Bitte! Das macht so einen Spaß!“
Mama nickte. „Klar, aber nehmt eure Schlafsäcke mit!“
„Wie?“, fragte Nikolas.
„Einfach unter dem Arm“, meinte Papa ungerührt und stieg aus. Er öffnete den Kofferraum und drückte jedem seinen Schlafsack in die Hand. Dann gingen sie gemeinsam zur Kasse, wo Mama nach Jörn fragte. Das Mädchen an der Kasse wies auf einen jungen Mann mit grüner Schirmmütze, der sogleich auf die Familie zukam.
„Ihr müsst die Sonnenscheins sein, die meine Tante angekündigt hat.“
Mama nickte. Jörn ging in das Kassenhäuschen und kam mit einem Kanister heraus, den er Papa gab. „Damit könnt ihr euch ein wenig frisch machen. Toiletten findet ihr dort.“ Er wies auf ein paar blaue, mobile Klos am Rand. „Wenn ihr euch die Füße waschen wollt, könnt ihr die Gartenschläuche da vorne benutzen. Und nun zeige ich euch euer Zelt.“ Jörn ging voran, und die Sonnenscheins folgten ihm.
„Das ist ja stark!“ Nikolas traute seinen Augen kaum.
„Das sieht aus wie ein fliegendes Ufo!“, stellte Lilly mit leuchtenden Augen fest.

„Da sind wir schon", verkündete Jörn. Er ging auf das hellgrüne Baumzelt zu, das in 1,80 Meter Höhe zwischen den Bäumen gespannt war. „Der Eingang ist hier unten." Jörn öffnete am Zeltboden den Einstieg. Mit Hilfe der Baumklötze, die unter dem Zelt standen, konnten Lilly und Nikolas mit Leichtigkeit ins Zelt klettern.

Während die Kinder sich einen Platz für ihren Schlafsack suchten, unterhielten sich die Eltern mit dem jungen Mann. Dann erschien Papas Kopf im Zeltinnern. „Was haltet ihr davon, wenn wir jetzt im Nachbarort eine Pizza essen und danach noch hier den *Barfußpark* erkunden?" Papas Idee wurde sofort in die Tat umgesetzt.

Als sie zwei Stunden später zurückkehrten, lag das Gelände ruhig und verträumt da. Der eigentliche Barfußpark war nun für die Öffentlichkeit geschlossen. Zwei Motorräder standen neben der Eingangspforte zum Park. Das Pärchen, das zu den Zweirädern gehörte, wollte ebenfalls in einem Baumzelt übernachten.

Während Mama und Papa sich mit dem Paar unterhielten, probierten Lilly und Nikolas den Barfußpfad aus. Sie balancierten über Rindenmulch, Glasscherben, Muscheln, Kunstrasen, Granitsplitter und Moos. Zwischendurch machten sie immer wieder halt an Wissenstafeln.

„Hättest du gewusst, dass ein Wildschwein vier Meter weit springen kann?" Lilly schüttelte den Kopf. „Und ein Reh sogar sechs Meter."

„Guck mal, da vorne muss man mit den Füßen einen Knoten legen." Nikolas zog Lilly mit.

„Das ist gar nicht so einfach, wie es aussieht!", stellte sie kurz darauf fest.

Während die Kinder versuchten, die Seile mit den Füßen zu verknoten, hörten sie Mama und Papa ganz in der Nähe lachen. Neugierig machten sie sich auf die Suche. Und dann sahen sie, warum Mama so gackerte: Papa trug Hörner auf dem Kopf. An einem Balken baumelte ein Geweih, das man sich auf den Kopf setzen konnte. Das sah zu komisch aus. Lilly und Nikolas mussten es natürlich auch sofort ausprobieren. Danach starteten sie einen Wettbewerb, wer es auf der Slackline am weitesten schafft. Da die Kinder und Mama immer wieder lachen mussten, war Papa der Sieger des Wettspiels. Dafür gewann Lilly bei den Riechkisten. Sie konnte die meisten Dinge erschnuppern.

Die Kinder ließen es sich nicht nehmen, noch in die verschiedenen Becken zu steigen: Zuerst ging es ins Wasserbecken, danach warteten Matsch, Moor und Lehm.

„Das fühlt sich einfach nur gut an!“ Lilly strahlte über das ganze Gesicht.

„Mal sehen, ob du das gleich auch von dem Gartenschlauch behauptest.“ Mama wartete schon mit einem Handtuch.

Während die Kinder sich die Beine und Füße säuberten, führte Papa ein Telefongespräch. Dabei lief er aufgeregt hin und her.

„Ihr werdet es nicht glauben!“, rief er schon von Weitem. „Der Fall ist gelöst!“

„Echt?“ Nikolas hatte ganz rote Wangen vor Aufregung. „Erzähl!“
„Ihr erinnert euch an das Hotel, das auf dem Gelände der Tankstelle gebaut werden soll?“
Die Kinder nickten.
„Der Investor stand sowieso schon kurz vor der Pleite. Dann wurden bei Baggerarbeiten Altlasten von der ehemaligen Tankstelle gefunden. In der Erde waren Bauschutt und Tonnen mit verseuchter Erde verbuddelt. Die hätten eigentlich fachmännisch entsorgt werden müssen. Das ist aber sehr, sehr teuer. Also hat der Investor sie heimlich im Moor entsorgt. Dank der Fliesen und des Nummernschildes konnte die Polizei ihn überführen. Er hat dann auch sofort alles gestanden.“
„Deswegen war der Moorboden an der Stelle also nicht mehr sauer“, stellte Nikolas fest.
Papa stimmte ihm zu. „Dem Moor wurde ein riesiger Schaden zugefügt. Wie kann man nur so gedankenlos und rücksichtslos sein!“
Die Familie lag im Zelt und redete noch lange über den Vorfall im Moor. Dabei schauten sie in den Sternenhimmel, denn Papa hatte das Zeltdach abgenommen. Um sie herum raschelte es. Ein Uhu rief.
„Wusstet ihr, dass Wildschweine vier Meter weit springen können?“, fragte Nikolas die Eltern.
„Hoffentlich können die keinen Hochsprung!“, meinte Lilly, gähnte laut, drehte sich auf die Seite und schlief sofort ein.

Am nächsten Morgen erwartete Jörn seine Gäste mit einem Frühstück. Danach ging es leider wieder zurück nach Berlin.
„So einen aufregenden Urlaub hatten wir lange nicht mehr!“, stellte Nikolas fest. Der Rest der Familie stimmte ihm zu.

28.

DER WETTBEWERB

Nachdem sie wieder ein paar Tage zu Hause waren, kam ein dicker Brief von den Wemkens. Herbert hatte Wort gehalten und die Zeitungsartikel aus der NWZ geschickt. Lilly und Nikolas staunten nicht schlecht, dass ihre Geschichte eine ganze Zeitungsseite füllte. In allen Einzelheiten wurden die Ermittlungen der Kinder geschildert.

„Das Interview ist richtig gut geworden!" Nikolas kaute auf seinen Fingernägeln herum.

Papa nickte. „Und auf dem Foto seid ihr auch gut getroffen!"

„Sogar ein Foto mit dem Gipsabdruck vom Reifenprofil haben sie abgedruckt!" Lilly zeigte mit dem Finger auf die untere Ecke der Zeitungsseite.

Mama war in die andere Zeitungsseite vertieft. „Hier in dem zweiten Artikel geht es um den Hotelinvestor, der seine Tat zugegeben hat. Außerdem wird geschildert, wie der Schaden im Moor aufwendig beseitigt werden soll."

„Was wohl passiert wäre, wenn wir nicht bemerkt hätten, dass da etwas nicht stimmt?", überlegte Lilly. Alle zuckten ratlos die Schultern.

Dann sagte Papa: „Der Schutt wäre einfach im Moor versackt. Das ist zwar nicht schön, aber noch nicht so schlimm. Schlimm ist die verseuchte Erde. Wenn das Öl erst einmal im Moor ist, richtet es großen Schaden an und lässt sich nur sehr aufwendig wieder entfernen."

„Auf jeden Fall kann ich die Zeitungsartikel noch gut für mein Projekt in dem Wettbewerb gebrauchen", meinte Nikolas.

„Die kamen jetzt genau richtig, denn übermorgen muss ich meinen Beitrag abgeben."

„Wie weit bist du denn?", erkundigte sich Mama.

„Fast fertig!" Nikolas flitzte in sein Zimmer und kam mit einer Tapetenrolle zurück, die er mit Lillys Hilfe auf dem Fußboden ausbreitete. „Hier auf der linken Seite erkläre ich, warum das Moor ein Klimaschatz ist. Da habe ich auch etwas von dem Torfmoos und das eingefärbte Lackmuspapier aufgeklebt. Und hier auf der rechten Seite habe ich einen Comic gezeichnet, wie wir im Moor beobachtet haben, dass dort Müll abgeladen wird und wie wir den Hotelinvestor überführt haben. Dafür brauche ich dann auch noch die Zeitungsartikel."

Papa studierte aufmerksam das Werk und nickte dann anerkennend. „Das ist richtig gut geworden!"

Nikolas seufzte. „Hoffentlich gut genug!"

Zwei Wochen später läutete Nikolas Sturm an der Haustür.

„Ist etwas passiert?", fragte Mama und blickte von Nikolas zu Lilly, die neben ihrem Bruder wie ein Flummi auf und ab hüpfte.

„Wer kommt schon wieder in die Zeitung?" Nikolas wedelte mit einem Umschlag vor Mamas Nase herum.

Nun tauchte Papa hinter Mama auf. „Hast du schon wieder einen Verbrecher dingfest gemacht?"

Nikolas lachte. „Nein, viel besser! Ich habe den 1. Preis gewonnen: eine Wochenendreise nach Hamburg!"

– Ende –

Kerstin Groeper / Steffi Bieber-Geske
ABENTEUER IN OSTFRIESLAND
LILLY, NIKOLAS UND DIE LIKEDEELER
Biber & Butzemann

ABENTEUER AUF NORDERNEY
MIT JUIST UND LANGEOOG
Lilly, Nikolas und die Flaschenpost
Monika Wolf
Illustrationen von Sabrina Pohle
Biber & Butzemann

Luisa Hartmann
Ziemlich beste Ferien
ABENTEUER AUF SPIEKEROOG
Illustrationen von Sabrina Pohle
Biber & Butzemann

Luisa Hartmann
Ziemlich beste Ferien 2
ABENTEUER AUF LANGEOOG
Illustrationen von Sabrina Pohle
Biber & Butzemann

GEHEIMNIS IM KNIEPSAND
LILLY UND NIKOLAS AUF AMRUM
Andrea Nesseldreher
Biber & Butzemann

Nicole Grom
DAS GEHEIMNIS VON RUNGHOLT
Lilly und Nikolas in Eiderstedt
Mit Dithmarschen, Hooge und Pellworm
Biber & Butzemann

André F. Nebe
BAND 1
Spuk auf der Ostsee
Biber & Butzemann

André F. Nebe
Der Fluch des schwarzen Korsaren
BAND 2
Biber & Butzemann

André F. Nebe
BAND 3
Das geheime Schiff
Biber & Butzemann

ABENTEUER IM
LAND DER WIKINGER
LILLY UND NIKOLAS UNTERWEGS ZWISCHEN SCHLESWIG, KIEL UND FLENSBURG
Mit Illustrationen von Sabrina Pohle
Biber & Butzemann

ABENTEUER AN DER LÜBECKER BUCHT
Kerstin Groeper/
Steffi Bieber-Geske
RETTUNG FÜR DIE FLEDERMÄUSE
Lilly, Nikolas und die Ostseeindianer
Illustriert von Vivien Schmidt
Biber & Butzemann

Daniela Gappa
BIBER PAUL
auf Reisen
Rostock-Warnemünde

Steffi Bieber-Geske /
Kerstin Groeper
ABENTEUER AUF
FISCHLAND-DARß-ZINGST
LILLY, NIKOLAS UND DIE SEENOTRETTER
Biber & Butzemann

ABENTEUER
AN DER MÜRITZ
BETRETEN VERBOTEN
Lilly, Nikolas und
die verbotene Insel
Kerstin Groeper
MÜRITZ
Biber & Butzemann

ABENTEUER IN DER
LÜNEBURGER
HEIDE
LILLY, NIKOLAS UND
DIE WILDEN TIERE
Steffi Bieber-Geske
Mit Illustrationen
von Sabrina Pohle
Biber & Butzemann

ABENTEUER ZWISCHEN
KYFFHÄUSER UND WESTHARZ
Lilly und Nikolas auf den Spuren der ersten deutschen Herrscher
Jörg F. Nowack
Mit Illustrationen von Sabrina Pohle
Biber & Butzemann

Miriam Schaps
ABENTEUER
IM RUHRGEBIET
LILLY, NIKOLAS UND
DAS BERGMANNS-TAGEBUCH
Biber & Butzemann

ABENTEUER AM
TEUTOBURGER WALD
LILLY UND NIKOLAS AUF DER SUCHE
NACH DEN VERFLIXTEN WÖRTERN
Miriam Schaps
Illustrationen von
Sabrina Pohle
Biber & Butzemann

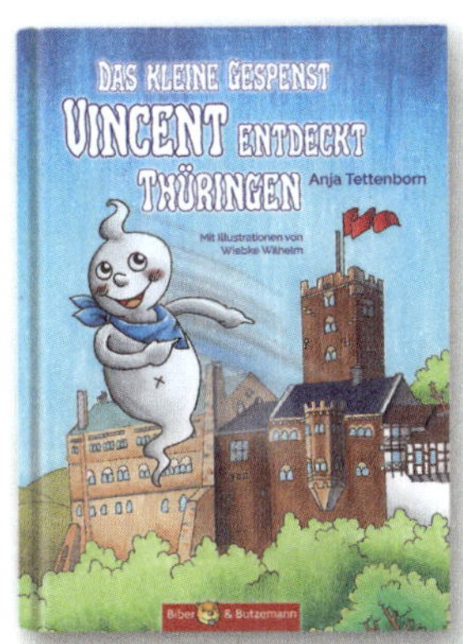

Zahlreiche weitere Kinderbücher aus ganz Deutschland finden Sie unter www.biber-butzemann.de

Die Autorin

Schon als Kind bestritt Birgit Hedemann so manches Abenteuer, in dem sie ihre Nase zwischen zwei Buchdeckel steckte. Geboren 1964, wuchs sie in der Nähe von Oldenburg auf und studierte Theologie in Berlin. Sie arbeitete in einem Kinderheim und an der Uni Oldenburg, bevor sie sich um die Erziehung ihrer drei Kinder kümmerte und endlich das tat, wovon sie schon in der Grundschule geträumt hatte: Geschichten und Abenteuer schreiben. Heute lebt sie mit ihrem Mann auf dem Land in der Nähe von Oldenburg. Wenn sie nicht gerade am Schreibtisch sitzt, ist sie in der Natur unterwegs oder liest in Schulen, Bibliotheken und auf Lesefestivals.
www.birgithedemann.de

Die Illustratorin

Claudia Gabriele Meinicke, geboren 1967 in Mecklenburg, ist promovierte Naturwissenschaftlerin. 2007 fing sie an, sich mit Öl- und Aquarellmalerei zu beschäftigen. Sie belegte zahlreiche Kurse bei namenhaften Künstlern, u.a. auch an der Hochschule für Grafik und Buchkunst in Leipzig. Seit 2015 widmet sie sich nun ganz der Malerei und der Illustration von Kinderbüchern. Sie lebt mit ihrem Mann in Merseburg, hat einen erwachsenen Sohn und ein Enkelkind.
www.LimonArte.de

CITYKURIER MITTWOCH, 01. SEPTEMBER 2021

BiberPost

Die Berliner Buchmesse im Herzen der Stadt.